本研究由北京市教育委员会新闻出版类专业群项目资助

MEIJIE RONGHEYUJINGXIADE XINWENCHUANBO JIAOYU GAIGE

媒介融合语境下的新闻传播教育改革

王晓红◎主编

陈欣钢　田维钢◎副主编

中国传媒大学出版社

·北京·

序 言

◎ 高晓虹

随着媒介技术进步和新兴媒体的不断发展，全球媒介生态和我国新闻传播环境都发生了巨大变化，新闻传播高等教育工作面临新形势、新挑战。怎样与时俱进地开展传媒教育，造就具有国家意识、人民情怀、责任担当、国际视野和传播技能的一流新闻人才，是当前亟待攻关的重要课题，亦是国家推进世界一流大学和一流学科建设方案对我们提出的具体要求。

面对媒介变迁带来的改革动力，我们近几年已经着手展开了深入细致的教学改革研究和卓有成效的教育教学实践，可以将它们精炼概括为两方面工作，即“媒介融合的教育”和“媒介教育的融合”。

一方面，新闻传播教育要根据传媒发展的动态不断调适和创新，培养融合型的传媒人才。截至2015年底，我国互联网用户数量已近7亿，手机网民接近5亿。“90后”在由互联网和移动媒体形成的媒介环境中成长，被称为新兴媒体“原住民”。转型中的新闻机构急需大量掌握融合媒体技能的人才，他们应该具有跨媒体的思维、跨文化的视野和跨学科的背景。因而，我们在教学中要紧密贴合媒体发展的规律、融入业界前沿的动态，培养学生多媒体生产的能力，提高他们的专业化水平。与此同时，我们更应强调新闻人才的马克思主义新闻观培养，强调新闻话语权意识，强调正能量的舆论引导，使他们有能力从容应对庞杂多元的舆论环境。

另一方面，新闻院系要顺应学科建设和发展的时代要求，实现教育教学资源的充分融合和协同发展。国家建设“一流大学和一流学科”的基本原则指出,要“坚持以学科为基础”“坚持以改革为动力”,在学科的专业层面实现人才培养、教学改革和科学研究三位一体的创新能力提升。从2013年开始,中国传媒大学和北京印刷学院在北京市教委的指导下牵头承担新闻出版类专业群建设项目。通过三年的实践我们认识到,专业群的建设打破了高校之间的壁垒,以学科为交流的通道,充分发挥了各自优势,联合了创新力量,有效整合了创新资源。大学精神,从来就是开放和共享,而非闭门造车。如今,北京三十多所专业群院校都开始投入这样的资源共享,充分发挥各自优势,打通了首都高校的新闻传播高等教育资源,深化了彼此的科学研究交流。

作为本阶段改革创新的重要成果,我们欣喜地看到,《媒介融合语境下的新闻传播教育改革》即将付梓。这本书凝聚了三年来专业群教学改革研究的精华,是首都各新闻传播院系共同的智慧结晶。文章作者都是一线教育工作者,他们从各自不同的视角分析和阐释了新闻传媒教育的新动态、新发展、新思路。文章主题经过细致甄选,内容涵盖传媒教育变迁、教学方法创新、传统课程改革、特色人才培养等新闻传媒教育研究的热点议题,读来启迪思维、收获教益。

习近平总书记曾对宣传思想工作提出“守土有责、守土负责、守土尽责”的要求,作为新闻宣传后备人才的培养者,新闻传播高等院校可谓“责无旁贷”。可以说,高等教育改革创新在新闻出版专业群的协同发展中形成了良好开端。虽然专业群的组织面向北京高校,但我相信,我们的教学改革成果能够产生更广泛的指导价值和示范意义,在全国新闻院校的合作与共赢中,打开新局面、续写新篇章。

2015年12月12日于中国传媒大学

〔高晓虹,中国传媒大学新闻传播学部学部长,长江学者特聘教授,教育部新闻传播学教学指导委员会副主任委员兼秘书长,北京市高校新闻出版类专业群主任委员〕

目 录

媒介融合篇

协同创新篇

人才培养篇

论媒介融合背景下新闻传播人才培养的三个维度

◎ 王晓红 陈欣钢

摘 要:转型与改革,是整个新闻传媒领域和新闻出版教育同时经历的一场变革。面对新媒体、新技术带来的颠覆性变化,无论是业界还是学界,都呈现出强烈的焦虑感。对于传媒高等教育而言,应重塑融合的媒介观,坚守主流的新闻观,创新协同的教育观。

关键词:媒介融合;新闻传播;人才培养

转型与改革,是整个新闻传媒领域和新闻出版教育同时经历的一场变革。面对新媒体、新技术带来的颠覆性变化,无论是业界还是学界,都呈现出强烈的焦虑感。对传媒行业而言,从规则、流程到渠道、方式早已发生巨变;对新闻传播高等教育而言,首要任务就是去回应瞬息万变的媒介变迁所带来的迫切期许。

当我们在反思本科教育、改革教学体系的时候,与其彷徨失措,不如庖丁解牛、细致剖析,厘清当下新闻传播人才培养的焦点问题,从而更为明确地探索新闻传播教育的改革进路。在笔者看来,摆在传媒教育面前亟待回答的三个问题是——当前的新闻传播行业面对怎样的媒介环境?在这个环境中,我们的主流媒体应该生产怎样的新闻报道?在上述背景下,新闻传播教育如何应时而动、推陈出新?

一、重塑融合的媒介观

正如麦克卢汉在阐述“媒介即讯息”的观点时所说的那样：不同媒介因其“尺度”不同，对个人和社会的影响会发生变化①。传统的大众媒介舆论环境由报刊、广播、电视等媒体主导，媒体与媒体之间的边界清晰、相对独立。目前的媒介环境不仅受到来自互联网、移动媒体等新兴媒体传播方式和传播内容的冲击，最为显著的变化，是媒体间出现相互渗透、相互融合，你中有我、我中有你的新特征。

第一，新旧媒体的传播形态深度融合。作为传统媒体，报刊、广播、电视具有独立的专业性特征，媒体间的边界清晰明确。就媒体生产者的专业身份而言，“报人”“电视人”的划分始自行业建立之初，贯穿传统媒体时代发展的全过程。至20世纪80年代“媒体融合”（Media Convergence）概念产生初期，媒体之间的互动仅表现在信息源的相互流动上。互联网、移动媒体从出现伊始至今，一直未建立明晰的专业边界，从业者的社会身份以技术为依据而非媒介生产。上述新兴媒体进入媒介环境之后，新媒体与传统媒体之间就开始了多个层面的深度渗透，媒体间的边界日趋模糊，主要表现在传播形态的深度融合上，“图文—报刊”“声像—电视”这样的传播元素对应关系被打破。全媒体的舆论环境虽然是“雾里看花”，却又是“大势所趋”。

第二，传播者与受众角色相互渗透。新媒体语境下的受众主体性加强，他们由选择性接受的客体，转变为积极的“用户”，参与到媒介生产和内容传播过程中。有学者提出，新媒体时代是以个人为传播主体的传媒时代，“公共信息公开传播的自由已经达到前所未有的程度”②。在传统媒体与新兴媒体相互渗透、融合的趋势下，公众掌握内容生产与传播的工具，通过新媒体与传统媒体进行互动，并有望引发舆论热点。在传播过程中，传播主体和传

---

① 马歇尔·麦克卢汉：《理解媒介——论人的延伸》，译林出版社2011年版。

② 童兵：《新媒体时代舆论表达和舆论引导新格局》，《新闻爱好者》2014年第7期。

播对象的身份发生经常性的转换。新闻传播人才的专业性角色被部分解构,成为传统主流媒体新闻生产和舆论引导的首要困境。

第三,舆论热点日趋多元。“传播者”的外沿扩大,带来传播信息内容的多样化,视角和观点更加丰富多元。新的舆论格局中,“有信息、无渠道”或“有渠道、无信息”的情况鲜有发生,我们进入了一个信息冗余、渠道繁多的时代。各个领域的新闻信息可以以快速、便捷的方式进入公众舆论。例如突发事件、公共危机、批评报道等以往通过主流媒体把关、证实的信息,往往会在新兴媒体中率先出现。新兴媒体的传播语态具有个体性和草根性,可以迅速形成舆论热点,引发社会讨论,这对融合媒介的内容生产、表达、传递提出了新的要求。

二、坚守主流的新闻观

尽管新兴媒体的崛起和发展改变了传统的新闻生态和舆论环境,但我们应该清醒地认识到,人们对于可靠信息的需求并未改变、社会对新闻价值和媒体责任的要求不会消失。“主流媒体”的概念已经悄然改变,但主流的新闻价值观必须坚守。2014 年 8 月,习近平同志在中央全面深化改革领导小组第四次会议上,明确提出新形势下要“提升主流媒体传播力、公信力、影响力和舆论引导能力”①。由此可见,媒体融合的要求正是在这个形势下党和国家对新闻宣传领域作出的最新部署。

因此新时期新闻传播人才的培养,一手要抓“跟进变化”,一手要抓“坚守主流”,不可偏废。在媒体业界,有些媒体和新闻传播工作者由于未能准确掌握和遵循信息传播规律,常出现主流话语和民间话语不对接的现象。有时主流媒体即使掌握主导权,立场再正确、内容再无懈可击,但面对生动活泼的网络话语方式时,也往往被网民视而不见。话语“不在一个频道”,当然难以得到有效的传播。讲好中国故事、传播好中国声音,其根本在于遵循

① 《中央出台指导意见推动媒体融合发展》,《新华每日电讯》,2014 年 8 月 21 日。

信息传播规律来进行传播。2013 年 10 月互联网上推出的五分钟动画短片《领导人是怎样炼成的》引起热议。国家主席习近平以卡通形象出现，以他的晋升之路为例介绍了中国领导人的选拔过程。2015 年初，又一部三分钟英文宣传短片《中国共产党与你一起在路上》一改政论风格，用城市、农村，蓝天、雾霾，领导人、老百姓等鲜活、多元的影像塑造出一个先进、开放的中国共产党形象。这些鲜活的实例，都是“两手抓”的成果。

在中国传媒大学的教学培养方案中，“马克思主义新闻观”就是新近展开的重要教学改革成果。《实践中的马克思主义新闻观》是中宣部联合高校主持编撰的优秀案例教材，课本从优秀新闻案例切入，探讨如何在新闻中实践着马克思主义新闻观，不仅能够提升学生对马克思主义新闻观的认知，而且能够培养学生新闻专业素养，一举两得。那么，如何增强学生的积极性和主动性、充分利用好这一创新型教材、创新教育方式和理念，就成了课程改革成败的关键。我们通过建立新媒体公众号、自主学习与演讲、社会实践、同龄记者“榜样座谈”等方式，使学生用熟悉的信息渠道接受马克思主义新闻观的教育培养。有了新媒体作为“引子”，学生开始主动阅读《实践中的马克思主义新闻观》，还在网络互动中写道：“特别好看”，颠覆了他们对于这些思想教育和新闻理论书籍的认识。

三、创新协同的教育观

新闻传播学是与时俱进的专业，媒体发展和社会变迁不断对传媒教育提出新的要求。面对媒体融合环境中的新闻传播教育改革，国家教学名师、长江学者特聘教授高晓虹这样表述：“在媒体融合的教育改革中，最具创新的亮点之一就是媒体教育的融合。”

从 2013 年开始，中国传媒大学和北京印刷学院牵头承担北京市新闻出版类专业群建设项目，至今已三载。作为国家教育体制改革项目的重要试点，这项工作对于新时期新闻传播人才培养而言是具有开创性的。

第一,专业群项目顺应了学科建设和发展的潮流。专业群“资源共享、协同发展”的总体目标与国家建设“一流大学和一流学科”的重大战略决策完全一致,在“双一流”的基本原则当中明确指出“坚持以学科为基础”“坚持以改革为动力”,也就是人才培养、教学改革和科学研究三位一体的创新能力提升。专业群的建设,打破了高校之间的壁垒,以学科为交流的通道,可以充分发挥各自优势,联合创新力量,有效整合创新资源。比如说,教育部五年一届的各专业教学指导委员会负责开展本专业高校教学的研究、咨询、指导、评估、服务等工作,具有标杆地位。本届新闻传播学教指委主任委员单位和秘书处是中国传媒大学,出版专业教指委主任委员单位和秘书处是北京印刷学院。专业群院校在每次交流活动中,都有机会获得两个教指委带来的最新学科动态、专业发展和国家标准,无疑可以启迪智慧、群策群力、共同发展。

第二,专业群建立了新闻传播教育新的合作模式。新闻传播学科具有实践性、交叉性、开放性和时代性特征,这些特征很好地契合了专业群项目的理念。从 2015 年春季学年开始,中国传媒大学新闻传播学部开始承担“双培计划”,网络与新媒体专业(互联网电视方向)首期招收了 16 名北京第二外国语大学新生和 16 名北京印刷学院新生。“双培计划”采取“3 + 1”培养模式,学生入校即在中国传媒大学学习三年,第四年在录取学校学习。根据一学期来的反馈,这种“3 + 1”的模式很大程度上提高了学生自主学习的创新性,同时带动了校际教学互动和改革创新,使培养质量和培养水平得以提升。另外,在媒介环境变迁和新闻教育改革的背景下,我们既建立起经常性面对面交流的“实体专业群”,也建立起依靠新兴媒体手段随时随地传递信息的“线上专业群”。2015 年 12 月,由国家广电总局和网信办指导的第三届中国网络视听大会在成都召开,中国传媒大学新闻传播学部参加了会议并负责大会的新媒体推广。我们利用 H5 技术连续制作了九期《大视频时代的创新与变革》,凝聚了论坛的精彩观点和精华报告。通过移动 App,我们第一时间将内容转发到“线上专业群”,为没有参会的我校和其他院校师生提供了第一手资讯。

第三,专业院系协同发展的模式产生了丰硕成果,体现出自信与气魄。大学精神,从来就是开放和共享,而非闭门造车。这三年来,专业群各个院校在立足资源共享的教改建设中,将教育教学和科学研究资源向兄弟院校开放。仅2014年一年,就推进了十项重要工作。例如,牵头北京九所高校与中国首都网签订实习实践基地;举办"光影行止、华赛十年"系列影像展;主办"传播的变革与创新:研究生学术研讨会";主办"传媒教育:契合媒体融合战略下的协同发展"研讨会,等等。2014年底,为贯彻习近平总书记关于新闻宣传工作的讲话,紧密结合新闻传播实践中的主流价值倡导活动,秘书处向专业群院校发放《好记者讲好故事》DVD光盘和《改文风优秀新闻作品评析》等三本专业书和三套光盘。现在,越来越多的专业群院校开始投入这样的资源共享,充分发挥各自优势,打通了首都高校的新闻传播高等教育资源,深化了彼此间的科学研究交流。

综上所述,无论是对三个问题的解读还是在三个维度上的分析,都是为了求得新闻传播教育改革的"路径清晰"。希望我们能够总结以往的研究发现与实践成果,在今后的教学、科研和实践中,通过研讨与思考、合作与共赢,在思想的碰撞和观点的交锋中,为中国的新闻传播学高等教育写下浓墨重彩的新篇章。

〔王晓红,中国传媒大学新闻传播学部副学部长、教授、博士生导师,北京市教学名师,教育部"新世纪优秀人才"。北京市高等学校新闻出版类专业群专家委员会秘书长兼教学协作委员会秘书长。

陈欣钢,中国传媒大学新闻传播学部副教授,美国南加州大学安嫩伯格学院访问学者。研究兴趣为视觉传播、新闻社会学。〕

媒介融合语境下大学生媒介信息素养教育

◎ 于翠玲

摘　要:在媒介融合的语境下,知识信息在聚合方式以及检索和利用方式等方面都发生了变化。新媒介与信息检索相联系,形成了媒介信息素养的概念。搜索引擎和网络浏览,对人的知识结构和思维方式产生影响;“词媒体”及大数据产品也与新闻信息的聚合有关联。大学的新闻传播教育应该关注媒介信息素养教育这个研究领域,这也是大学生通识教育应有的内容。

关键词:媒介信息素养;搜索引擎;词媒体;媒介教育

在当今媒介融合的语境下,人类所创造的知识信息,在聚合方式以及检索和利用方式等方面都发生了很大变化。大学生更是习惯于依赖新媒介,获取日常生活中所需要的各种信息。而个人通过新媒介进行搜索的痕迹也被记录下来,成为大数据进行统计的对象。因此,新媒介与信息检索相关联,信息素养也与媒介素养相融合,形成了媒介与信息素养(Media and Information Literacy)的概念。2014 年 5 月 10 日在西湖媒介素养高峰论坛上,联合国教科文组织的官员介绍了《媒介与信息素养的宏观指标:联合国教科文组织的评估框架》以及《媒介与信息素养课程方案》(教师用)等研究成果;同年 9 月,“2014 联合国教科文组织——联合国文明联盟媒介信息素养与跨文化对话大会”在清华大学举行。本文仅结合具体案例,论述新媒介与信息检索的关系,由此说明:媒介信息素养教育应该成为高校新闻传播教育关注的学术领域,也应该列入大学生的通识教育课程。

一、触手可及的搜索引擎

关于知识信息,主要涉及文献信息的数字化以及数据库检索等方面,这里不论。值得关注的是,互联网本身所承载的海量信息,以及与日俱增的网页信息,也是可以加工的信息资源,或者说是可以利用的网络化知识。为了帮助人们在网络信息的大海中捞取知识的金针,搜索引擎这种工具便应运而生,迅速发展,这就涉及网络媒介与知识检索的问题。

1. 网民搜索行为与信息碎片化

中国互联网络信息中心(CNNIC)发布的《2014 年中国网民搜索行为研究报告》[①]描述了网民搜索行为的整体趋势:

> 随着互联网对日常生活的渗透程度日益加深、互联网应用的极大丰富和数据信息量的爆炸式增长,搜索已经成为网民正常获取互联网信息必不可少的途径,信息搜索行为发生在互联网生活的方方面面,加之移动互联网的发展,实现了随时随地任意搜。
>
> 截至 2014 年 6 月,我国搜索引擎用户规模达 50749 万人,较去年同期增长 3711 万人,增长率为 7.9%,网民使用率为 80.3%。自 2011 年以来,搜索引擎在网民中的使用率一直维持在 80% 左右,是中国网民的第二大互联网应用,具有不可替代的基础性作用。

在网民用户集中度较高的搜索工具中,"综合搜索网站仍然稳稳占据着互联网的流量入口位置",其中"百度、360 搜索、腾讯搜搜与搜狗搜索几大搜索品牌,对用户的覆盖率超过 90%"。随着手机网民的增加,手机输入的方式越来越多元化,不仅有文字,还有语音、拍照、扫描等,搜索结果不仅以传

---

① CNNIC:《2014 年中国网民搜索行为研究报告》(2014 年 8 月),http://cnnic.cn/hlwfzyj/hlwxzbg/201410/p020150104459023036664.pdf。

统图文展示，还以地图、短信、语音等方式呈现，因而，手机网民随时随地的搜索行为更值得关注。

根据西方媒介环境学派的观点，不同的媒介特征与其所承载的内容信息是相互关联的。对此，有关网民搜索行为的报告也是例证：

从电脑和手机的搜索情景来看，通过电脑搜索情况最多的是在“了解工作学习相关内容时”，其次为“了解感兴趣的信息时”。而通过手机搜索最广的是在“了解感兴趣的信息时”，手机搜索以碎片时间使用为主，因此手机搜索的信息与电脑端相比，与工作学习的关系相对较小，而与生活娱乐的关系相对较大。此外，在找周边人/朋友时，手机搜索使用比例比电脑搜索比例要高，主要因为手机搜索独有的定位功能，使得部分搜索网民常在手机上通过定位查看周边朋友，使得该项功能使用比例相对较高。①

由于手机搜索时间的碎片化以及阅读屏幕有限，其所呈现的内容也就更加碎片化。

上述有关网民搜索行为的报告，对促进搜索引擎企业的发展，是有用的参考信息。网站为了提高点击率，会根据网民的搜索行为，想方设法提供能够吸引网民的网页信息。但是，如果转换一个角度，作为一个普通的网民，特别是大学生，应该思考更为深刻的问题：手机、电脑不仅是搜索工具，也是认识世界的媒介端口，基于互联网而产生的海量信息究竟具有什么特点？人们依赖搜索引擎所获取的信息，对人的阅读习惯和思维方式会产生什么影响？这就需要跳出具体的应用层面，借鉴媒介文化研究的理论，进行分析和探讨，这也属于基本的媒介信息素养问题。

2. 网络浏览对传统阅读的冲击

很多网民并没有经过特别培训，便开始使用搜索引擎了。在中国“百度一下，你就知道”，不仅是搜索引擎的广告，而且成了人们的一种思维习惯。

---

① CNNIC：《2013 年中国网民搜索行为研究报告》(2013 年 8 月)，http://www.cnnic.net.cn/hlwfzyj/hlwxzbg/ssbg/201308/P020130828331153376173.pdf。

基于互联网产生的信息是漫无边际的碎片，搜索引擎有助于对这些碎片进行聚合、分类，帮助人们找到自己需要的信息。尽管搜索引擎是非常有用的工具，操作也越来越方便，在人们日常生活中不可缺少，但是媒介技术的发展有利也有弊，正是由于人们过度依赖搜索引擎，将许多时间花费在网页信息的浏览方面，挤占了阅读传统图书的时间，对人的深度阅读和思考能力产生了负面影响。

对此，互联网发展历史较长的美国已有不少调查研究。尼古拉斯·卡尔从人的认知能力方面指出："现在通过互联网，我们能轻易获得空前的大量信息。但是，不断增加的科学证据则显示，互联网带来的持续干扰分散人的注意力，正在把我们变为思维破碎的肤浅思考者。这些缺陷的共同点是注意力的分散。我们思想、记忆甚至个性的丰富取决于我们思维专注和注意力集中的能力"，但"上网时，我们会不断受干扰和分心，我们的大脑就不可能形成强烈而广泛的神经联系，进而也就不可能进行深刻而独到的思考：我们成为简单的信号处理器，各种混乱信息快速进出我们短暂的记忆"。作者引述了科学家的发现："人类大脑的细胞结构会因我们采用的方法而随时调整，这些方法包括发现、储存和分享信息等。也就是说，每项新技术会通过改变我们的思维习惯来强化某部分的神经通路而弱化其他部分。即使我们不再使用这些技术，脑细胞的改变还会继续影响我们的思维方式。"即使人们关闭了手机和电脑，这种负面影响也不会消失。作者还将上网行为与传统阅读进行对比："在上网浏览和搜索时，我们失去的是平静和专注思考的能力，而这种思考是沉思、反省和内省的基础。网络从来不会让我们慢慢思考，而是使我们的精神永远处在奔波之中。与早期出现的信息技术手段——印刷体书籍相比，网络对人类的认知产生的影响发人深省、令人担忧。互联网分散了我们的注意力，而书籍能使我们的注意力集中。与电脑屏幕不同，纸张促进了我们的沉思。"①

---

① 〔美〕尼古拉斯·卡尔：《互联网抑或使人更愚蠢——互联网正在影响人们的深度思考能力》，鞠海彦编译，《世界科学》2010 年第 8 期。

约书亚·梅洛维茨论述电子媒介对社会行为的影响,将人们在当今时代的特征,看成是“信息时代的猎人和采集者”。人们可以利用先进的技术手段来猎取和收集信息,“计算机越来越多地被当成是字节和‘数据’的富饶丛林(虽然是我们所创造和储积的丛林)。当相关性的需求出现时,一些数据就被猎取、收集和分析。所发现的联系常常被立刻消化,而没有费力地与其他知识和观点相联系”。但是,他也指出:“电子媒介潜在地丰富了我们文化的知识储备和理解。通过电子媒介存储和散发信息的手段起初似乎是没有联系、毫无组织的。但是这种理解可能是根据印刷取向的偏向。电子媒介通过融合许多过去不同的知识场景,打破了各种学科的界限,开始了新的对话,并且形成了交叉学科研究领域的发展。”①这同样说明电子媒介与印刷媒介有不同的特点,改变了信息的储存方式,也改变了人们对信息的采集以及对知识的思考方式。虽然,人们可以使用同样的搜索引擎,并链接到同样的信息页面,从人人都可以“知道”的角度看,这是更为平等的信息获取平台,然而,这些网页信息或者数据究竟有什么价值,却有赖于每个人平时学习所积累的知识结构和深入思考的能力。否则,这些随意浏览的网页,例如每天看到的大量的微信文本,更多的只是供人消遣时间或娱乐的碎片。

由于媒介技术的迅速发展,习惯于数字搜索的人,与偏向印刷媒介的人也有了不同的特征。马克·鲍尔莱恩用了一个令人警醒的书名《最愚蠢的一代》,探讨“数字时代如何麻痹年轻一代并危及他们的未来”。他引述研究报告《下一代》,说明有学者认为“新型屏幕已经成为划分不同时代的界点”,“这一代人与信息技术的关系的确前所未有,独一无二”。那些强调屏幕积极和有益的一面的评论家,也指出计算机改变了“数字时代人们的思维方式”。但该书的重点是指出屏幕阅读存在的问题,“‘屏幕意志’高度注重使用搜索引擎,注重同时浏览 20 个网站,而不是浪费 10 个小时单调乏味地阅

① 〔美〕约书亚·梅洛维茨:《消失的地域:电子媒介对社会行为的影响》,肖志军译,清华大学出版社 2002 年版,第 307、318 页。

读一本厚300页的小说。它寻求快速地搜索信息,没有足够的耐心坚持长期学习,以了解事实、故事和原则"。这不是时间安排的问题,而是阅读习惯的改变:"电子识读能力的所有者拒绝书籍,其行为与eBay网络购物的痴迷者拒绝实体商店如出一辙。"①即使对于网页的阅读,本书也根据《网络用户的网页阅读方式》报告,说明"视线跟踪器显示,用户的视线具有跳跃性,他们只关注自己感兴趣的内容,其他的内容则通通略过",不会逐字阅读所有文字内容。② 因此,作者认为:屏幕阅读所培养的阅读和思维模式,仅仅是在知识信息检索和消费行为两个方面。"至于全神贯注地阅读单一并且晦涩文本的能力,理解双关语和反语的能力,进行归纳证明的能力等,屏幕阅读实际上妨碍了它们的形成。"③当然,这还不仅是阅读方式改变的问题,作者还分析了青少年失去深度阅读所带来的一系列问题,如缺乏历史传统的知识、丧失批判性思考意识,这些都会影响国家未来的发展,因而提醒中学生、大学生不要成为"最愚蠢的一代"。

其实,美国学者所关注的问题在中国也是存在的。中国也有各种调查数据,例如,全国国民阅读调查报告显示:"与2012年相比,传统纸质媒介中,2013年我国成年国民对图书、报纸和期刊的接触时长均有不同程度的减少;新兴媒介中,上网时长和手机阅读的接触时长呈增长趋势,电子阅读器接触时长略有下降。"④还有出版业界的调查显示:"阅读就像是一个跷跷板,一边是电子阅读热潮,一边是纸质阅读受冷落。出版业从业者该如何把读者从手机阅读中重新拉回纸书,拉到书店,让他们享受逛书店之乐,感受手指触摸纸张的书香之乐?在移动阅读时代,我们需要重新发现阅读,定位书店的价值,这是当前出版人在手机移动时代应思考的重要问题。"⑤而关于青少年上网行为的调查报告显示:"截至2013年12月,青少年手机网民规模已

---

① 〔美〕马克·鲍尔莱因:《最愚蠢的一代》,杨蕾译,天津社会科学出版社2011年版,第95、97、106、107页。

② 〔美〕马克·鲍尔莱因:《最愚蠢的一代》,杨蕾译,天津社会科学出版社2011年版,第155页。

③ 〔美〕马克·鲍尔莱因:《最愚蠢的一代》,杨蕾译,天津社会科学出版社2011年版,第159页。

④ 中国新闻出版研究院:《2014年第十一次全国国民阅读调查报告》,http://www.chinalibs.net。

⑤ 潘启雯、任志茜:《2013—2014中国人阅读指南报告》,《中国出版传媒商报》,2014年4月23日。

经达到2.21亿,较去年同期增长了12.8个百分点”,其中也提到“大学生是搜索引擎使用率最高的群体”。[①] 由此看来,移动阅读(电子阅读、屏幕阅读)确实对传统的纸质阅读产生了很大的冲击,但移动阅读究竟对青少年产生了什么影响,这就不仅是出版人需要思考,也不仅是“加强网络监管,净化网络环境”[②]的问题了,还应该从媒介信息素养的角度,认识媒介技术的特征以及发展逻辑,探讨基于网络的阅读对青少年的思维方式所产生的复杂影响。媒介本身的商业逻辑必然要改变我们的阅读和搜索行为,我们需要从传统阅读中找到知识平衡的力量。

二、搜索引擎的信息聚合

网络浏览确实存在浅阅读问题,但搜索引擎也在不断改进,以适应人们对知识检索的需要。“近年来,几大搜索引擎企业竞相开展差异化竞争策略,通过推出搜索体验升级的新产品”[③],来吸引网民的关注。但“只有善于使搜索精细化的少数网民才能从被边缘化的信息来源中搜索信息”[④],而不被搜索引擎所限制。下面以目前中国网民最为熟悉、使用最多的综合搜索网站百度为例,来说明网络搜索引擎对信息聚合的特点,了解如何从中获取有用的知识信息。

1.学术搜索。如果在“百度学术(http://xueshu.baidu.com/)”中输入一个关键词,可以搜索到论文的篇名等信息,而点击进入,可以链接到“知网空间”或“维普网”等学术数据库的网页,但由于版权问题,“百度学术”不能提供免费下载。与之类似的还有“360学术搜索(http://xueshu.so.com/)”,这类搜索引擎都是指向专业文献数据库的导引,就像百度百科词条所添加的

---

① CNNIC:《2013年中国青少年上网行为调查报告》(2014年5月),http://cnnic.cn/hlwfzyj/hlwxzbg/qsnbg/201406/P020140611557842544454.pdf。

② 同上。

③ 同上。

④ 〔英〕詹姆斯·柯兰:《互联网的误读》,何道宽译,中国人民大学出版社2014年版,第53页。

一个“内链”。

2. 智能化的语义搜索。百度百科解释:“所谓语义搜索,是指搜索引擎的工作不再拘泥于用户所输入请求语句的字面本身,而是透过现象看本质,准确地捕捉到用户所输入语句后面的真正意图,并以此来进行搜索,从而更准确地向用户返回最符合其需求的搜索结果。”并举例说明:当一个用户在搜索框中输入“孟字去掉子”时,深谙语义搜索的搜索引擎就能够判断出,用户想要找的并不是含有“孟”“去掉子”等字眼的内容,而是想要查找与“皿”这个字相关的内容;同样,当用户搜索“表现春天的图片”时,搜索引擎会向其呈现出各种与春天相关的图片,而不仅仅局限于该图片的标题是否包含“春天”字样。笔者在百度的空格中输入了“第一个字是人的成语”,点击“网页”,竟然得到了“人来人往”等 171 个成语,继续检索“带有人字的成语”,结果多达上千,这种检索结果就像是自动生成的成语词典。

3. 百度百科的知识互动。从检索工具的变化来说,印刷版的大型百科全书已经开发了在线版。而与之不同的一种百科全书是维基百科(Wikipedia),是完全基于互联网而产生的互动式知识平台,一个自由、免费、人人可编辑、内容开放的网络百科全书。这就是“用数字技术来分享知识、交流思想、共同创造”①的典型案例。截至 2014 年 7 月维基百科一共有 285 种语言版本,其中包括中文版。但目前在中国,参照维基百科模式而建立的百度百科,可以说是“全球最大的中文百科全书”。

百度百科的内容一律以“词条”为单位(其实传统的百科全书是以条目为单位的),词条名目的添加以及内容文本的编写和修订,都是由网民共同完成的,所谓“强调用户的参与和奉献精神,充分调动互联网用户的力量,汇聚上亿用户的头脑智慧,积极进行交流和分享。同时,百度百科实现与百度搜索、百度知道的结合,从不同的层次上满足用户对信息的需求”。基于这样一种编辑模式,一个词条的版本不是固定的,而是一个可以随时修订文字、添加图片或“词条内链”(指词条正文中指向百科其他词条的链接)的超

① 〔英〕詹姆斯·柯兰:《互联网的误读》,何道宽译,中国人民大学出版社 2014 年版,第 77 页。

文本。在这样一个互动平台上,大学生也有能力参与编写词条,体验与他人协同建构、共同分享知识的过程,表达自己的见解。正如百度百科所说明的,其“内容均由网友贡献,目前已有超过140万名网友参与编写百度百科专业类词条”。

例如,“对二甲苯”(PX)这个化学词条,由于涉及PX项目而引起了争议。2014年4月2日到4月4日,这个词条中关于毒性的描述被人由“低毒”改成了“剧毒”。清华大学化工系的同学们发现之后,自发地昼夜捍卫“PX低毒属性”这一科学常识。经过几天的拉锯战,词条被反复修改36次,最终被锁定为“低毒化合物”的准确描述。7月7日在清华大学的毕业典礼上,校长特别提到这件事,称学子们体会的不只是真理的可贵,还有责任和担当的重要。[①] 这一词条事件也说明:对于专业的学科知识,不能以百度百科为依据,而是要核对权威出版社出版的百科全书或专科辞典。大学生在写作学术论文时,也习惯于先在百度百科上搜检有关词条,但这些词条只是进一步检索和核查的线索,而不能直接粘贴词条的内容,再标注网址作为出处。因为这些词条本身就存在不少从其他网页粘贴的内容,如果不加核对,很可能出现辗转抄袭或以讹传讹的问题,这就违反基本的学术规范了。

三、“词媒体”新闻与大数据产品

百度搜索是一系列信息服务的套餐,其中包括“百度新闻”,但其对新闻信息的呈现独具特色。综合搜索引擎所依赖的就是所谓“大数据”,其所产生的影响有利也有弊。

1.“词媒体”对新闻信息的呈现

有关报告显示:“新闻搜索在电脑和手机上都位居第一,了解新闻仍然

① 王硕:《陈吉宁曾赞PX词条捍卫者》,《京华时报》,2015年1月29日。

是网民最常搜索内容。”[①]其中“百度新闻”是搜索新闻的一个途径，这是网民比较熟悉的。除此以外，百度百科还以词条的名目，聚合媒体有关的新闻信息，迅速添加为一个词条，这其实已经超出了“百科全书”的意义，而具有新闻媒体的性质，正如其所说明的：“百度百科利用‘词媒体’方式呈现新闻，一个重点新闻事件出现之后，用户会淹没在各种新闻列表中，而百度百科尝试用‘词媒体’的方式来整理清楚来龙去脉，这属于百度百科的一个创新，可以让更多的网民可以更快、更精准地获取信息知识。”

例如，关于北京师范大学的李小文院士，百度百科的“李小文”词条，其最初的版本创建于2006年5月31日，只是非常简单的人物介绍。但是2014年4月23日的版本添加了其“网络走红”的内容及照片，参考文献是新华社的文章《中科院院士穿布鞋在大学作报告，微博人赐扫地僧》。2015年1月10日李小文院士逝世当天，新的版本引用了“新华社发布客户端北京1月10日专电”有关李小文逝世的消息。1月16日检索这个词条，可以看到“最新新闻”的标题，链接了媒体关于追悼会的报道，后来的版本删去了“最新新闻”的标题及链接，修改为简单的说明。这个人物词条从2006年创建至2015年2月1日，编辑次数是83次，有关李小文院士的新闻报道可以说是即时添加的内容。根据这个词条的编辑轨迹，李小文院士是因为一张穿布鞋作报告的照片在微博流传而“网络走红”的，而词条的第一句介绍就是“人称布鞋院士、扫地僧”。如果你输入“布鞋院士”同样可以进入“李小文”这个词条，上面说明“布鞋院士一般指李小文（中国科学院院士）”。而且，2015年2月2日“光明教育”的文章也指出：据360新闻搜索数据显示，1月份最受关注的教育热点新闻为“‘布鞋院士’李小文病逝，学子感慨世间再无‘扫地僧’”[②]。一位在国内外遥感界享有盛誉、人品高尚的科学家就这样成为新闻人物，而进入了网络世界。由此看来，百度百科以“词媒体”方式来呈现新

① CNNIC：《2013年中国网民搜索行为研究报告》（2013年8月），http://www.cnnic.net.cn/hlwfzyj/hlwxzbg/ssbg/201308/P020130828331153376173.pdf。

② 光明教育：《1月教育新闻盘点：“布鞋院士”李小文病逝最受关注》，http://edu.gmw.cn/2015-02/02/content_14715939.htm。

闻信息,不仅是跟进新闻报道,也有了议程设置功能。

再举一个例子,2014 年 12 月 26 日《北京日报》的文章《2014 年,那些难忘的网事网语》中提到:“网络最强营销:‘那么问题来了:挖掘机技术哪家强?’刨根问底‘神考究’。”其实,关于“挖掘机技术哪家强”这个词条,百度百科在 2014 年 10 月 10 日就创建了,此后已经被编辑了 32 次。其最新版本的解释是:

本是蓝翔技校招生的广告语,最先在网易跟帖区与百度贴吧里零星出现,后演变成网络流行语。“挖掘技术哪家强”等成为段子手们一段时期内使用频率最高的梗儿,并在网络上演变出了古文体、学术体等多种体裁。通常的使用方法是,先一本正经地讲述一个故事,然后在故事的结尾引导到“挖掘”“挖坑”“埋了”等相关词汇,然后问一句“挖掘技术哪家强”,随后又演变为“那么问题来了”,使得该词的使用场合更加广泛。

这一词条的目录包括句式来源、主要段子、热点评价三个部分,收录了来自网络的各种段子以及有关评论。值得注意的是结尾所列的 6 条参考文献全部出自网络,可以链接到网页,了解这一热语的出处及有关人物的新闻(“校长被妻子举报有 3 个身份证”“跨省打架”等)。除此以外,其他的网络流行语也可以在百度百科中搜索,也都有“网事”可以链接。可以说,百度百科以“词媒体”方式,呈现了流行语及相关新闻生成演变的动态过程(有的具有戏剧性、娱乐性),同时也展示了基于网络的新闻(人物、事件)传播的生态环境。

上述两个例子提示我们:百度百科这种“词媒体”功能确实是一个创新,其所呈现的内容主要来自网页,是由网民创造和编辑修订的(保留所有“历史版本”),其中也聚合了即时发生的新闻信息。这样的词条文本不仅是搜索浏览的对象,还可以成为媒介信息教育的案例,从媒介信息理论及新闻传播理论的视角进行解读。

2. 百度大数据产品的应用

2013 年被国外媒体称为“大数据元年”，这一概念迅速成为热词。[①] “大数据”一词在中国同样流行，美国学者的《大数据时代》[②]一书在 2013 年就名列图书市场排行榜。其实，“大数据”是一个非常专业的术语，也是跨学科的研究领域。简单地说，大数据包括对海量数据的采集、存储、分析、整合、控制和应用等方面，因而与搜索引擎有着天然联系。中国的信息技术专家毛新生是这样介绍的：

以搜索引擎为例，他们在做三件事——搜集数据、深度加工数据、将结果提供给用户。每天，超过 100 万台计算机在运行，处理的数据规模在 P 级别（千万亿字节），相当于一份报纸 60 年所有文字图片数据总和的 1000 倍以上。当人们用关键词搜索的时候，它消耗掉的电能，能帮你煮热一杯咖啡。大数据最厉害的地方，是开辟了崭新的业务模式，就是数据化、智能化、互联网化。要掌握这样一种新的工具，就要以大数据为基础看待处理和运用数据的方式，这跟过去小数据的集合迥然不同——

第一，大数据强调全数据的观念，而非小数据的随机抽样。小数据，只要记住关键信息就行，大数据需要采集全部信息。

第二，小数据强调精准，大数据强调大势的把握和概率；

第三，小数据关注因和果，大数据则关注关联。比如一家网站向读者推荐图书时，不需要操心人们为何买这本书，它所做的是采集所有买书人的数据，然后用数学模型分析出买这本书的人购买其他书籍的概率。[③]

如此神奇的大数据具有广泛的开发前景和应用价值。例如，2014 年除夕之夜，中央电视台《新闻联播》推出了“数据说春运”专题报道，首次采用百度地图定位大数据、百度指数来解读春运、年货、年夜饭等新闻，和全国观众

---

① 徐继华：《大数据时代，政府要领跑》，《人民日报》，2014 年 5 月 20 日第 5 版。

② 〔美〕维克托·迈尔·舍恩伯格、肯尼思·库克耶：《大数据时代：生活、工作与思维的大变革》，盛杨燕、周涛译，浙江人民出版社 2012 年版。

③ 沈小根：《信息技术专家毛新生做客〈文化讲坛〉》，《人民日报》，2014 年 6 月 6 日第 12 版。

分享春运新趋势、年货新动向、年夜饭新风尚，以及团圆年里的温暖亲情。①

这些大数据是怎么形成的呢？这就要提到百度的一种服务——基于位置的服务（Location Based Services，简称 LBS）。百度地图 LBS 大数据每天收到的定位请求高达数十亿次，是中国最大的定位数据源。“百度地图春节人口迁徙大数据”（简称“百度迁徙”），就是由 2 亿多部智能手机画出来的动态迁徙图。“专家认为，通过百度迁徙的数据研究春运人口流向，可以为交通部门制定政策、提供服务作参考，同时也可以为企业和个人提供参考，具有很大的社会价值。”②据报道，百度推出的“百度大数据引擎”，包括开放云、数据工厂、百度大脑三大组件。③ 对普通网民来说，这些专业的技术术语是陌生的，应该关注的问题是——个人信息如何成了大数据的一部分。百度百科是这样解释基于位置的服务的：“首先是确定移动设备或用户所在的地理位置；其次是提供与位置相关的各类信息服务。”例如，找到手机用户的当前地理位置，然后在上海市 6340 平方公里范围内寻找手机用户当前位置 1 公里范围内的宾馆、影院、图书馆、加油站等的名称和地址。所以说 LBS 就是要借助互联网或无线网络，在固定用户或移动用户之间，完成定位和服务两大功能。百度 LBS 技术总监说：“我们分析的是位置的变化，比如你这会儿在北京使用手机，过了几个小时以后发现你在上海使用手机，这就说明你的位置在这几个小时内在变化。”百度通过云计算平台的数据处理分析能力，加上精准的定位，打造了一张较为全面、准确、即时的反映人口迁徙状况的“大迁徙”地图。④

其实，这种“定位”信息是由用户自行输入的。通过手机的“百度搜索”，看到“交通路况”，标明要“设置家和公司地址，随时随地了解实时路况”；而“周边服务”也需要“点击定位，查看附近位置信息”。有了大数据的概念，看

---

① 《百度登上 CCTV 除夕〈新闻联播〉，大数据洞察逆向迁徙》，《法制晚报》，2014 年 1 月 31 日 A02 版。

② 《新闻联播推“据”说春节：百度大数据提供支持》，光明网 IT 频道，http://it.gmw.cn/2014-01/30/content_10272768.htm。

③ 喻思娈等：《大数据还有不少潜能》，《人民日报》，2014 年 4 月 30 日第 12 版。

④ 余建斌、宋嵩：《大数据试水“大迁徙”》，《人民日报》，2014 年 2 月 21 日第 20 版。

到这样的定位信息，网民也许会产生迟疑，如果不是必需就不要输入个人的定位信息。然而，在当今这个“大数据时代”，人们日常生活的方方面面已经被一网打尽、无处可逃了。因为每一个人都是一个媒介人，聊微信、刷微博、手机支付、上网搜索等行为，都会在网络世界中留下痕迹（个人定位、个人IP地址、搜索关键词、搜索习惯等），每个人也就成了大数据的提供者。于是，人们对这种被监控的环境感到忧虑，开始思考如何保护个人隐私问题。有专家认为：“从安全的角度来看，大数据是一把双刃剑，要平衡运用大数据和保护个人隐私之间的度并不容易”；建议“可以把数据看作一种资产，自有它完整的生命周期，包括计划、采集、维护、使用、撤销等环节，从技术和管理两个维度出发，如果能够建立大数据生命周期的管理机制，应该有利于安全问题的解决”。①

值得一提的是，《大数据时代》的作者还写了一本名为《删除》的书，正是在反思“大数据时代的取舍之道”。书中指出大数据为个人所带来的困扰：“没有人可以不交流，在数字时代，只要在沟通过程中运用了数字设备，交流产生的信息便会被添加到我们的‘数字人生’中”；于是“在数字时代，作为个人，我们控制信息的能力再次被大大减弱了”。他举例说明：

如果我在亚马逊网站上订购了一本书，我就留下了一个信息痕迹，亚马逊就可以运用它与其他信息一起，为我推荐书籍。也许有人能够预料到这一点。但是，当我仅仅只是浏览亚马逊的在线商店的时候，同样也是如此，即便我并没有明确告诉亚马逊去监视我的浏览习惯，无论如何他们都会这么做。有时，我会从中受益：当亚马逊根据我已经留下的信息痕迹所推荐的一系列产品吸引我的时候。大多数在线零售商都会这么做，就像大多数公司都会提供基于网络的电子邮箱、社会网络和信息共享一样。同时，互联网搜索公司会仔细地监视用户在搜索什么内容。②

---

① 朱思雄：《面对大数据，我们准备好了吗》，《人民日报》，2014年6月18日第20版。

② ［英］维克托·迈尔－舍恩伯格：《删除——大数据取舍之道》，袁杰译，浙江人民出版社2013年版，第111页。

每一个人在互联网上的"信息痕迹"是无法完全删除的,也不知道在什么情况下会被他人提取,但"信息提取已经造成了信息的去语境化和再语境化,因为信息片段是在剥离了它们相应背景的情况下被提取的,而且被呈现在众多搜索结果构成的新背景中。不过,花上足够多的时间和努力,个人往往能够从搜索到的结果追溯到信息的源头,从而在最初的语境体验它们"。① 这样来看,个人的"信息痕迹"有可能在将来的某一天对自身造成意想不到的伤害,因此,作者提出"删除"个人信息的概念,以保护个人隐私。

作为个人网民,一方面要有保护个人的数字化隐私的意识;另一方面也要遵守信息伦理,不去滥用他人的数字化信息,不可触犯他人的隐私。例如,2014 年的跨年夜上海外滩发生了踩踏事故,复旦大学一位女学生不幸遇难。有记者在事故报道中,提到了遇难学生的名字、年龄、个人爱好,还有她的男朋友的感伤文字,这些信息都是在遇难者的百度贴吧、新浪微博、人人网主页上面搜索到的。然而,正是这些"新京报记者发现"②引发了复旦师生与媒体人的论战,也引出了有关"个人在社交媒体发布的内容,媒体可否引用"的讨论。这个例子对普通网民的启示是:一个人的"数字人生"是在互联网中存在的,个人所留下的"信息痕迹"也是他人搜索的对象。今天的"大数据时代"已经是"一个没有遗忘的时代",如何有效保护个人隐私,同时防止触犯他人隐私,这都需要具备媒介信息素养。

总而言之,我们已经进入了一个网络无处不在的信息社会,媒介技术飞速发展,基于媒介的信息如同汪洋大海奔流不息,大学生作为受过高等教育的媒介人,必须与时俱进、不断充电、积极应对。只有具备媒介信息素养,认识媒介对信息的影响,有效获取知识信息,才能趋利避害,既不被数字鸿沟所阻挡,也不被媒介碎片所淹没,成为互联网时代的积极创造者。因此,媒

---

① 〔英〕维克托·迈尔－舍恩伯格:《删除——大数据取舍之道》,袁杰译,浙江人民出版社 2013 年版,第 114 页。

② 王大鹏:《复旦 20 岁"才女"外滩踩踏事故中遇难》,《新京报》,2015 年 1 月 1 日。

介信息素养教育是大学生通识教育应有的内容。大学的新闻传播教育也应关注媒介信息素养教育这个新的研究领域,从中可以发现在媒介融合的语境中,新闻信息的搜索、新闻大数据的生成、百度“词媒体”对新闻的聚合与传播等问题。

〔于翠玲,北京师范大学文学院教授,主要研究方向:文献信息学、媒介素养教育、媒介传播史等。〕

藏汉双语卓越新闻传播人才培养模式与路径探析

◎ 赵丽芳

摘　要：双语人才的缺失是民族地区新闻传播发展的掣肘性因素。民族地区卓越新闻传播人才的培养以双语专业能力培养为中心，应采取通识教育和应用教育并重的人才培养模式，在培养路径上充分发挥校内校外合作办学机制，加强课程体系设置的科学性，加强实践性课程和实践性教学环节的设计和应用能力培养。

关键词：藏汉双语；新闻传播教育；人才培养模式

进入新世纪，民族地区的新闻传播事业虽然取得了长足的发展，但与全国新闻传播业发展的整体水平相比差距较大，在基础设施、市场规模、信息传播与舆论引导力、媒体从业者、媒体发展理念等方面均呈现出较为失衡的状态，其中人才的缺失是掣肘性的根本因素。那么，民族地区需要什么样的新闻传播人才？如何为民族地区培养卓越的新闻传播人才？本文将基于西藏地区媒体人才需求的调研①，结合藏汉双语新闻传播学人才培养的办学实践②，试图回答以上问题，为民族地区卓越的新闻传播双语（汉语文和少数民族语文）人才培养提供可资借鉴的模式与路径。

---

① 2014年8月中央民族大学郭卫平、钟进文、王华军、杨吉春、扎巴、赵丽芳等一行前往西藏自治区宣传部、西藏日报社、西藏人民广播电台、西藏电视台进行了人才需求与人才培养的调研。

② 2014年9月中央民族大学招收第一届新闻学（藏语基地班），由文学与新闻传播学院和藏学研究院合作办学进行藏汉双语新闻学的教学实践，首届招生22人，因病休学2人，学生来自西藏自治区、青海省、甘肃省和四川省，其中藏族学生18人，蒙古族学生1人，门巴族学生1人。

一、民族地区与卓越新闻传播人才培养

到2011年,全国已有975个新闻传播类专业点①,新闻传播学专业在既往的30年高速发展中积累了深层的危机。2008年一项针对新闻学学科教学指导委员会②“新闻传播教育形势评估及改革意见”的态度测量结果表明,大多数专家认为新闻传播教育处于危机状态,总体表现为:“专业适用性方面,即使是著名新闻院系的毕业生,近年来对口分配的比例也直线下降;市场评价方面,颇多用人单位对新闻院系培养的人才的实用性提出质疑;教学对象评价方面,时闻来自学生阶层的批评意见,反映师资、教材、教学体系的不足”。③

与以上情况有所不同的是,在民族地区,特别是西藏、新疆、内蒙古等少数民族聚居地区,双语新闻传播是突出的特征,民族语言媒体和汉语媒体并举将是长期的现象。媒体急需能够用汉语和民族语进行双语工作的专业人士,人才缺失影响着媒体内容质量,制约着媒体的发展进程。中央民族大学藏学研究院、哈萨克语言文学系、维吾尔语言文学系、朝鲜语言文学系多年以来都在向新闻媒体输送毕业生,大多从事翻译工作(即把汉语媒体内容翻译成民族语言媒体内容),哈萨克语言文学系、朝文系、藏学研究院都曾开设过新闻学概论、广告学概论、新闻写作等课程,以满足民族地区双语新闻传播人才的需求。中央民族大学藏学研究院才让太教授在藏汉双语新闻传播人才培养研讨会上发言指出,“在我国民族地区三级即省级、州级和县级等

---

① 袁军、王宇:《我国新闻传播学学科建设的现状及思考》,载《新闻学论集》,经济日报出版社2013年版。

② 2008年8月,2006—2010年教育部高等学校新闻学学科教学指导委员会第三次全体会议在武汉召开,包括大部分教指委委员以及一些相关的教育专家出席了会议,其主题意在探讨我国新闻传播学教育的未来发展之路。利用此次会议的举行,南京大学教授杜骏飞对出席会议的30位委员(分布于23所大学的新闻院系)作了有关“新闻传播教育形势评估及改革意见”的态度测量。

③ 杜骏飞:《新闻传播教育向何处去》,《传播与社会学刊》2009年第1期。

从事新闻传播工作(注:指藏文媒体)的双语人才清一色都是各个民族院校藏学院培养出来的,他们只有藏汉两语的语言文学知识,没有一个人学过新闻传播专业,都是外行人做传媒,无法满足民族地区双语新闻传播专业的需求。"[①]这一说法在西藏日报社、西藏电视台、西藏广播电台的调研中都得到了证实。西藏广播电台在未来五年,急需各类专业技术人才300多名,其中包括藏汉语新闻采编、藏汉语播音主持、藏语康巴话播音主持、藏汉翻译等。西藏日报社提及的四个严重影响报社全面发展的问题中包括:现代新闻人才和经营人才稀少,管理人才严重不足,特别缺乏高层次的技术人才和复合型人才;藏文办报人才队伍建设滞后。可见,民族地区对新闻传播人才的需求有其独特性,在复合型和专业性之外,还必须培养双语应用能力。这种需求在当下新闻传播教育深陷危机之时恰好给民族类院校的新闻传播专业带来了结构调整与专业优化的空间,也是突出差异化办学的机遇。

2013年教育部、中宣部联合实施的卓越新闻传播人才教育培养计划出台,其主要任务为"加强马克思主义新闻观教育;加强人才培养基地建设;推动高校与新闻单位从业人员互聘;推动人才培养模式改革创新;推动优质教学资源共建共享"。这一计划的出台某种程度上正是基于中国新闻传播教育的危机(新闻传播院系毕业生供大于求,新闻传播教育与媒体需求错位),希望推动高校新闻传播教育改革,通过与新闻单位互动,将新闻单位的优质资源(平台与人)运用到新闻传播人才的培养中,推动人才培养模式改革创新。

中央民族大学民族新闻教育始于1960年开办的第一届少数民族在职干部新闻研究班,学制一年,学员30人。1984年,根据国家民委重新调整民族院校办学方针:"大力培养'四化'建设所需要的,具有共产主义觉悟的少数民族政治干部和专业技术人才,为少数民族地区的社会主义现代化建设服务",经教育部批准,中央民族学院(现中央民族大学)创办四年制新闻专业,首届学生40人,来自19个民族。截至2014年,中央民族大学新闻学专业30

---

① 胡英、旦正:《藏族学者谈民族教育现状:残缺不全》,中国西藏网,http://www.tibet3.com/wenhua/2014-12/26/content_1701871.htm。

年累计招收本科生2322人,来自41个民族,其中少数民族学生1364人;招收硕士研究生406人,来自21个民族,其中少数民族学生134人。很多学生已成为新闻界以及其他行业领域的中流砥柱,获得了包括"范长江新闻奖""中国新闻奖"和"全国百佳新闻工作者"在内的众多重要奖项。但是在办学过程中,也出现了一些问题,比如来自偏远民族地区的学生比例降低,学生构成与北京其他高校新闻传播类专业趋同,一定程度上偏离了为民族地区服务,培养少数民族学生的办学定位。

卓越新闻传播人才教育培养计划也适时地推动了中央民族大学新闻学专业的结构调整与转型,藏汉双语新闻学专业就是中央民族大学新闻传播学教育在办学30年之际的结构调整之一。新闻学(藏语基地班)具有实验性质,在论证这个项目时就考虑到如何突出差异办学、特色办学、优质办学,卓越新闻传播人才教育培养计划恰逢其时地推动了这一项目的启动与实施,并促使教育者更深层次地思考如何结合中央民族大学办学优势、办学定位为民族地区培养卓越的新闻传播人才。

二、人才培养模式:通识教育与专才教育并行

教育部1998年下发的《关于深化教育改革,培养适应21世纪需要的高质量人才的意见》中,将人才培养模式表述为"学校为学生构建的知识、能力、素质结构,以及实现这种结构的方式,它从根本上规定了人才特征并集中体现了教育思想和教育观念"。

新闻传播学兼具人文学科和社会科学的特质,同时又需要密切关注自然科学与技术的发展,在人的培养方面,把对不同学科知识的理解与融会贯通的能力、对社会以及人的心理的洞察能力放在了重要的位置,常常希望培养出的学生是"杂家"。这一培养要求和通识教育所强调的培养"完整的人",即具备远大眼光、通融识见、博雅精神和审美情感的人,以及通过融会贯通的学习方式,形成较宽厚、扎实的专业基础以及合理的知识和能力结构

的理念正相契合。通识教育通过构建学生对知识的博闻与见识的增长来体现新闻传播学专业所要培养的“复合型”人才的内涵。

美国密苏里大学新闻学院非常注重学生的职业训练，但采用的培养模式是前两年在文理学院接受通识教育，后两年集中学习新闻专业的课程。考察美国的新闻教育经验，普利策创办哥伦比亚新闻学院以后，新闻教育研究的重心亦渐渐过渡到引进人文课程与自然科学课程以满足扩充新闻学的需要。①

现代社会分工越来越细，而与分工细化相对应的知识分化也越来越细，社会生活变得日益多元化和细分化，作为社会信息系统的重要传递者与沟通者，新闻传播者的知识结构在博闻之外，本身也趋向于专业化和职业化。以采写、编辑、制作、设计、策划等实务训练为核心的专业训练课程均被纳入到新闻传播学院的必修课程体系。实务性训练是新闻传播教育的本位，也是专业依存的根本，所以对于实际业务能力的培养，在中外新闻传播学教育中都被放置于重要地位。在2008年进行的一项实证研究中，新闻传播教育专家们也很赞同“应加大学生实习及实践性教学强度”这一观点，②并且在经济新闻、体育新闻、数据新闻、科技新闻、健康新闻等专业领域的新闻传播工作中，对毕业生提出了更高的要求，这反过来也促使学生在第二学位方面有更多的追求，或在新闻传播学科之外再学习相对完整的某一专业学科知识体系。

那么，通识教育和专才教育所要培养的新闻学（藏语基地班）学生应该具备哪些重要的能力呢，抑或新闻学（藏语基地班）的人才培养目标应该是怎样的呢？

1. 双语表达能力

自如的书面表达能力，以及清晰的、能够传达自己想法的口头表达能力。对于新闻学（藏语基地班）的学生而言，熟练地用双语（汉语文和藏语

① 黄鹂：《美国新闻教育现状研究》，《当代传播》2003年第4期。

② 杜骏飞：《新闻传播教育向何处去》，《传播与社会学刊》2009年第1期。

文)表达是他们首先遇到的挑战。特别是由于藏区地域辽阔,在历史的发展进程中藏语形成了卫藏、安多、康区三大方言,学生在日常的交往过程中必须适应其他方言并学习方言之间的异同。汉语的口语表达能力是第二个挑战(相对而言,学生的汉语书面表达能力远远强于口语)。除此之外,应为学有余力的学生提供三语(增加一门外语)学习的机会与表达的空间。

2. 批判性思维能力

大学的另一大基本目标是提高学生的清晰思维和批判性思维能力。在美国进行的一项全国范围的调查发现:超过90%的大学教师认为,培养批判性思维能力是本科教育最重要的目标。① 批判性思维能力的核心是辨别力、洞察力和判断力,在现代社会,批判性思维被普遍确立为教育特别是高等教育的目标之一。高等教育机构应该教育学生,使其成为具有丰富知识和强烈上进心的公民。他们能够发现问题,批判地思考和分析问题,并能寻找解决方案。

3. 公民意识

在公民国家,公民身份和公民权的取得不因为其民族、出身、宗教信仰或文化差异有所区别,而以一定的地域联系和政治联系为基础。② 作为生活在多民族国家的少数民族成员,同时作为中华民族的一员生活在统一的国家之中,具有民族成员和国家公民的双重身份,也应该具有民族认同和国家认同的双重认同。对于新闻学藏语班学生而言,他们的文化历史、宗教信仰有自己相对的封闭性和独特性,对本民族的历史和文化有极强的认同感,要求维系和传承本民族文化的民族意识也十分强烈。大学教育中如何培养学生的公民意识,树立学生的国家意识,增强学生的民主参与意识、自由平等意识、权利和义务意识,可谓极具挑战性的教育难题。

---

① 德雷克·博克:《回归大学之道:对美国大学本科教育的反思与展望》,华东师范大学出版社2012年版,第46页。

② 曹阳昭:《少数民族地区公民意识培养研究》,《兰州大学学报》2012年第3期。

4. 多元文化的素养与跨文化沟通的能力

多元文化背景下,民族院校理应把多元文化教育作为教育的基本功能之一,把培养具有跨文化素质和能力的民族人才作为高校的人才培养目标,教会学生以包容和理解的心态对待不同的文化。"各美其美,美人之美",需要在充分交往并逐步相互理解、认同的基础上,真正欣赏和尊重其他文化的美,才能在多文化的语境中既畅所欲言又敏感地顾及每个人的背景与感受。懂得尊重彼此,懂得包容彼此,这正是国家和谐的基础。民族院校在国家高等教育中的独特性也恰恰在于此。

5. 专业能力

新闻传播专业的专业能力是指通过一系列实践性的实务训练完成从知识到能力的转换,并在这一过程中促使学生发现自己对专业方向的兴趣、爱好与潜力,为就业与职业选择做准备。

三、人才培养路径

如前文所述,通过通识教育和专才教育培养复合型和应用型人才是新闻传播专业最为根本的人才培养目标,新闻学(藏语基地班)亦然。那么,通过何种路径能够实现通识教育和专才教育所应给予学生的能力培养呢?本文认为,在培养路径上应充分发挥校内校外合作办学机制,加强课程体系设置的科学性,加强实践性课程和实践性教学环节的设计与应用能力培养。

1. 合作办学路径

与新闻单位合作办学,将其优质资源(平台与人)运用到新闻传播人才的培养中,是中国新闻传播教育在长期发展过程中业已形成或自主选择的路径。

合作办学形式多样,既包括合作建立教学科研基地,也包括双向的人才交流机制。新闻传播专业培养应用型人才就必然需要实习实践平台,需要邀请更多具有丰富实践经验的新闻业界人士充实到实践类课程的教学中。

新闻学(藏语基地班)在校内与藏学研究院合作办学,虽然解决了双语的问题,但如何指导学生在两种语言之间进行媒介内容的转换与独到的表达,校内教学在双语师资方面是短板,而和中央人民广播电台藏语节目中心进行共建,这一问题就可迎刃而解,有专业背景的双语记者、编辑可通过实际案例告诉学生汉语如何表达,藏语又该进行哪些符合其语言表达习惯的调整。共建的益处还在于学生可以身在媒体中学习媒体。参观台史相当于一堂中国新闻史的教学,学生亲眼目睹当年的录音设备,对媒介技术的发展就会有切身的体会;参观编辑部,与编辑寥寥数语的交谈,学生对"编辑"、对编辑的工作就会有粗浅的认识;坐进录音棚,广播间的一切都不再神秘和陌生,可能学生内心深处已经萌生了当主播的念头。

2. 科学的课程体系

(1)通识课程安排

通识教育强调通过一定结构化的课程来建构学生多学科的认知基础,造就其良好的思维品质。[①] 中央民族大学2014版培养方案修订指南也同样以通识教育必修课和通识教育选修课来体现通识教育的理念与目标。

北大"元培计划"其中一个内容是在全校范围内开设通识教育选修课,学生必须在五个领域(数学与自然科学、社会科学、哲学与心理学、历史学、语言文学与艺术)共选修16个学分。[②] 这一通识教育选修课的结构亦适合于新闻传播类专业,但就新闻学(藏语基地班)而言,由于双语教育所占学分比例较大,通识教育选修课和跨专业选修课只有10个学分(见表1),在课程体系内难以设置较为理想的通识课程模块。

可以采取的变通方式就是碎片化传播、不做成绩考核要求的主题讲座

① 熊庆年:《通识教育的理念与实践》,中国教育新闻网,http://www.jyb.cn/high/sjts/201409/t20140915_598018.html。

② 陈向明:《从北大元培计划看通识教育与专业教育的关系》,《北京大学教育评论》2006年第3期。

等。这种变通方式类似国外大学开设的荣誉课程（honors programs）的功能。① 通过开设历史、文学、社会学、经济学、法律等人文和社会科学系列讲座（每一系列3—5讲）②，或者开设专题研讨会、读书会等，以灵活的形式开阔学生视野，寄望于在某个瞬间打开一扇扇窗户，帮学生获得较为宽广的人文素养和社会科学基础。不做成绩考核的方式又一定程度上实现了博雅教育去功利的自由教育精神，于学生而言自是喜欢，反而有可能激发出更多的兴趣。

表1　新闻学（藏语基地班）课程体系及学分构成

类别		学分		功能	备注
		数量	比例		
必修环节	通识教育必修课	39	24	通识教育	专业必修课中包含24学时藏语文、藏族历史、宗教、文学等课程
	专业必修课	73	45	专才教育+通识教育	
	实践教学环节	22	13	通识教育+专才教育	
选修环节	专业选修课	20	12	专才教育+通识教育	专业选修课亦提供藏语方言、藏族文化等课程。
	通识教育选修课和跨专业选修课	10	6	通识教育	
合计		164	100		

---

① 荣誉课程是一种针对优异学生个性发展的教育计划。主要特点：一是重课程，专门为荣誉学生开设学科交叉课程、人文课程、研究性课程；二是重活动，通过开展各种课外的学术活动、社会活动，全面提高学生的实际工作能力和领导能力；三是重指导，导师与学生的紧密联系不光是吸引学生参加科研项目，而且体现在专业方向的确定、课程选择和课程学习结果的审查、个性化教学计划的制订和学术研究的指导等方面。

② 比如2014—2015学年第一学期完成的历史系列主题讲座由五讲构成：本系列主题班会共设五个分主题，分别为：何以成为“中国”？中国古代族系概说、中国行政区划概说、中国历史上的大战略与大地理、中国与世界——丝绸之路专题。第一讲先就中国的发展历史有概括性叙述，从历史的角度说明今日中国的各个部分如何共同组合为新中国；第二讲就中国历史上的族系演变、迁徙作相关说明和讨论，旨在阐明历史上族系与当今民族之间的关系和各民族的历史发展脉络；第三讲介绍中国行政区划的沿革史，并就若干现实问题作一定分析；第四讲讨论中国国家发展史的战略部署及其与地理环境之间的互动；第五讲以丝绸之路为核心，讨论古代中国在世界上的地位，各区域之间的文化、经济交流，由此来理解中国兼容并蓄的文化传统。

(2) 双语专业课程安排

双语专业课程主要由中央民族大学文学与新闻传播学院和藏学研究院两院合作,共同承担专业课程的教学,开启了校内院系资源共享、合作办学的模式。课程主要包括汉语讲授的新闻学必修课、选修课,藏语讲授的藏语文、历史、宗教等课程。前者既要承担新闻学专业知识、能力的培养,又要担起汉语使用能力的训练;后者通过"藏文文法""藏文写作""汉藏翻译""藏族历史""藏族宗教史""藏族文学史"等,在强化藏语使用能力的同时,还承担着一定的通识教育的功能。同时,两个共建学院的讲座亦是有益的补充。

(3) 实践课程及实践教学环节的安排

实践类课程在新闻学本科专业的培养中具有至关重要的作用。在新闻学(藏语基地班)的培养方案中,实践课程的结构如下:

实务类必修课程:新闻采访与写作、新闻摄影、新闻编辑、新闻评论、广告文案写作等。这些课程通过案例讲授、模拟训练、实训等方式以能力培养为导向。

实验类选修课程:电脑设计基础、非线性编辑、多媒体制作、电子编辑编排等。这类提高性实验课程与影视制作基础、摄影摄像基础等基础类实验课程形成阶梯课程,为学生提供多元化的方向选择,通常学生通过这类课程的选修对自己未来进入何种媒体工作形成基本判断。

工作坊课程(workshop):民声视界工作坊、民声时报工作坊和融合报道工作坊是希望采用工作坊"坊员"在参与的过程中相互对话沟通、共同思考、进行调查与分析、提出方案或规划,并一起讨论推动方案的实施这一工作模式,以项目制的方式进行综合性的专业训练。

实践教学环节:包括撰写社会调查报告、不少于8个月的毕业实习、毕业作品创作,以及参加专业赛事和学术研究训练计划。

以2015年寒假社会调查为例,本次寒假社会实践主题是家乡"新型农村合作医疗”现状调查①。14位来自西藏、青海、甘肃、四川等不同地区的同学实地调查、采访，一对一访谈，取得了鲜活的第一手资料，调查范围涉及村、乡镇、县、市等不同层级，为基层新型农村合作医疗的实施情况、农牧民受益情况、存在的问题勾勒了清晰的轮廓，可以看到“新农合”政策在西藏、青海、甘肃等不同地区落实、执行的情况，也反映出每个地区之间的差异。14位同学的调研有内容、有方法、有问题，无论是PPT的制作，还是文字语言的表述，都有质的飞跃。这次调查充分表明这些学生的适应能力和学习能力，以及调研中方法运用的意识、问题研究的意识已经初步展露出新闻人的素养。新闻学(藏语基地班)的同学第一次离家半年学习后回到家乡所做的调查，是对大学第一个学期学习效果与能力的检验。

3. 实践教学环节的设计、指导及有效评价

对比美国新闻学教育，国内新闻学专业实务类课程及实践教学环节占教学时数的比例并不低，但效果差强人意。究其原因，一是实务型师资严重匮乏，二是实践教学环节缺乏设计、指导及有效评价，实践教学环节往往流于形式和过程，导致很多实训沦为自娱自乐，无法和媒体需要的应用型人才实现就业对接。

实践教学环节的设计、指导和评价可以借鉴理工科实验教学的模式，对设计何种项目和环节，旨在培养何种能力，过程如何管理，项目成果如何评价等进行精准设定，以便较为准确地体现教与学的效果。

实践教学环节的设计、指导和评价还可以引入媒体生产传播流程。在媒介技术低门槛的今天，电子报纸、微电台、网站、轻博客、公众号等手段和方式均可在实践教学环节中按照媒体产品予以设计，有产品要求，有周期要求，有发布要求，有用户反馈要求，一系列的要求经过充分的讨论成为清晰

① 本次调查内容：家乡当地的医疗机构状况(数量，等级，床位数，医生人数，年门诊量，有无B超、CT等检查设备)；“新农合”覆盖率；生病了如何选择去哪家医疗机构(如就近，还是尽可能大的医院)；大病医疗保险的情况如何；“因病致贫因病返贫”的情况如何；一家人2014年看病花了多少钱，占家庭收入多大比例，其中自费部分占多大比例；“新农合”实施以来，比以前看病更便利的地方有哪些；认为“新农合”还有哪些问题。

的产品质量要求。学生的角色自然而然会发生转变,运营媒体的责任意识会被锤炼出来。应重视实践教学环节的评价,它是对学生实践教学的反馈,既是对实践设计的检查、总结,又是对实践中所出现问题的矫正。它在教学中具有导向功能,评价的奖励作用可使学生获得成就感,并将积极的情感转化为动力,从而形成良性互动。

在办学经费可以支持的情况下,实践教学环节还应吸纳媒体实务型的客座、讲座师资进入实践项目的设计、指导与考核中。

总之,藏汉双语新闻学人才培养的探索才刚刚开始,课程体系的构建是否能够实现复合型、应用型人才的培养目标还有待时间考验,但加大社会合作办学力度、提高实践教学的有效性一定大有裨益。

〔赵丽芳,中央民族大学文学与新闻传播学院副院长,副教授,博士,中国新闻史学会少数民族新闻传播史研究委员会会长。研究方向:跨文化新闻传播、新闻传播与民族地区社会发展、民族语言媒介研究。〕

新媒体时代国际新闻传播人才培养的三点思考

◎ 曲 茹

摘 要:本文关注新媒体时代国际新闻传播人才的培养,并从三个方面进行了思考和探究。第一,新媒体时代,“内容为王”依然是国际新闻传播的核心竞争力;第二,“融媒体”概念下,新闻传播专业基础学习还是最为根本的事情;第三,对国际传播人才的培养应该从传统的以“传播者”为主向以“受众”为核心的方向转变。

关键词:新媒体时代;国际新闻传播;人才培养

近几年,中国经济实力快速增长,国际地位不断提升,然而与之相比,中国媒体的国际影响力和国际舆论场的中国声音却依然微弱。要提高国际传播能力,国际新闻与传播人才培养显得尤为重要。

与此同时,我们已经迈入了一个“互联网+”的时代。网络几乎渗透到任何产业、任何领域,把整个世界都连在一起。在新媒体时代,基于互联网与新技术应用的新闻传播人才的培养,成为国际新闻传播专业的一个主战场,而新媒体也将为国际传播提供更为重要的支持。

实际上,新媒体时代的来临,给传统媒体带来巨大的挑战,也为传媒环境带来了翻天覆地的变化。环境在变,必然要求很多方面进行改变。而在看起来眼花缭乱的变化中,认清本质、把握规律才会明确新媒体时代国际传播人才培养的着力点到底应该放在哪里。

一、新媒体时代,“内容为王”依然是国际新闻传播的核心竞争力

新媒体时代最大的一个改变是传播方式的改变,所谓“媒介即信息”,新媒体新技术在改变传播方式的同时,也在改变着传播内容本身,传统意义上的“内容为王”到底还算不算媒体的核心竞争力?

众所周知,新媒体时代的主要特征就是:信息海量化、传播碎片化和信息传播环境的虚拟化。也有人这样来划分媒体发展所经历的三个阶段:精英媒体、大众媒体和个人媒体。这三个阶段分别代表着传播发展的农业时代、工业时代和信息时代。

事实上,从媒体出现开始,变化就一直存在,从报纸到广播,再到电视,媒体的每一次变化革新,都会带来传播方式包括内容的改变。因此,新媒体时代,数字化信息成为主体是必然的规律。

但是要看到新媒体在今天只是一个开始,并未结束,因此所谓新媒体时代的海量信息、碎片化传播与虚拟化传播,都还只是今天所呈现出来的表象。事实上,新媒体时代借助新技术的应用,对传统媒体最大的冲击是因为传播方式的廉价与便捷,打破了原有传播平台技术和庞大资金支撑所带来的垄断与壁垒;另一个方面就是变单向传播为双向互动。而信息传播的平等与民主等方面都是缘于这两点所进行的改变。

但是新媒体时代同样也带来新的问题,即海量信息与碎片化传播最终导致信息爆炸,实际上人们今天已经感受到垃圾信息对日常生活的影响,而大量的重复与同质内容同样占用了人们大量的时间与精力。

事实上,一旦打破了传统的传播平台的垄断与壁垒,曾经的“渠道为王”就应该很自然地转向以“内容为王”,一个普通的公众号就可以凭借着内容而产生影响力,但实践过程中,“内容”的生产与营销,同样需要大量的人才储备与庞大资金的支撑,而在这一过程中又恰恰给了传统媒体发展新的机会。

因此,新媒体时代并不像很多人想象的那样,人人都可以成为记者,每一个自媒体都可以成为报纸杂志甚至是广播电视。在浩瀚的信息海洋中,小舢板也同样不如万吨巨轮走得更远。就像手机可以拍照,同样也会拍出精彩的瞬间,但尽管人手一部手机可以拍照,摄影大师仍然还是金字塔尖上的那些人。

新媒体时代无疑给媒体提供了更广阔的空间,而海量信息最终也一定需要有人来筛选整合,新媒体实际上比传统媒体更需要专业的新闻传播方面的人才,而不是现在单纯的互联网与计算机相关领域的技术人员。

《赫芬顿邮报》作为美国当今最具影响力的新闻博客网站,虽然是以报纸之名,但是它所完成的绝不是简单的报纸的网络化。它所提出的"共享事业"概念的核心是网站最坚定的、具有原创能力、质量非常高的博客作者。说到底,仍然是以"内容"为核心的影响力。

因此,在新媒体时代中,国际传播人才培养的着力点首先应该放在专业的培养与训练上面,而不是被纷繁芜杂的种种表面现象所干扰,互联网思维这一概念没有错,但互联网仍然是传播的渠道,信息传播的关键还是信息,只不过是更加适应新的传播渠道而已。在新媒体时代中,国际传播人才的培养更应该打好专业的基础,只有专业的人才才会在新媒体时代发挥出更大的作用。

二、"融媒体"概念下,新闻传播专业基础学习还是最为根本的事情

随着数字技术的不断发展,不同形式的媒介彼此之间的互换性与互联性得到了加强,渐渐跨越媒介的鸿沟,进入以互联网为基础的新平台。媒介一体化的态势日益明显,媒介融合已经成为媒体发展的新趋向,融媒体人才的培养成为对国际新闻传播学专业的新要求。

国际新闻传播学专业的人才培养要适应媒介融合的特点，在人才培养理念、课程建设创新点、教学实践改革等方面应该与媒体的融合发展相适应，打破媒介之间的壁垒，站在“互联网 +”的风口上，进入传统媒体与新媒体融合发展的人才培养新时期。

国际新闻传播人才在所有的新闻人才中应该是实力最强的，因为面临的是国际化的竞争对手，在新闻实践层面上要具有更强的实践性和挑战性。西方业界和学界都在媒介融合方面有过很成功的尝试。

在国外，国际新闻传播业界与学界都已经开启了融媒体的实践创新和人才培养的大幕。在业界，美国《坦帕论坛报》《纽约时报》等报纸率先展开了媒体融合的实践。《坦帕论坛报》新闻中心原先的出版、广播与网络三个部门依旧保持编辑职能上的独立性，但是这三个部门在新闻采集上展开全面合作，并自由共享信息资源。论坛报记者可以出现在电视上，WFLA 电台记者同时可为报纸写稿，而在线记者则为各个平台服务。这样，每个部门都由于其合作者的支持而得到加强。

在学界，美国堪萨斯大学新闻与大众传播学院于 1999 年最早启动了媒体融合教育计划。从 1998 年到 2002 年，大约有 60% 开办新闻专业的学校开发了新课程或修订了教学计划，以培养学生为跨媒体平台工作的能力。世界上第一所新闻学院，1908 年创办的密苏里大学新闻学院也在 2005 年秋季学期开设了媒体融合课程，并同时创建了媒体融合专业。①

在国内，作为国际新闻传播人才培养的主要院校的中国人民大学新闻学院，从 2006 年开始，突破本科专业设置对人才培养的限制，以培养学生的全媒体传播能力作为目标，启动“媒介融合趋势下新闻人才培养模式创新平台建设”，培养学生的媒介融合理念与全媒体传播技能。②

在国家政策层面，可以看到对于媒介融合的关注力度是前所未有的。2014 年 8 月 18 日，中央全面深化改革领导小组第四次会议召开。会议审议

① 王建磊：《密苏里大学新闻学院媒体融合教育考察记》，《新闻记者》2010 年第 6 期。

② 蔡雯：《新闻传播教育的十年探索》，《国际新闻界》2014 年第 4 期。

通过了《关于推动传统媒体和新兴媒体融合发展的指导意见》。习近平强调,推动传统媒体和新兴媒体融合发展,要遵循新闻传播规律和新兴媒体发展规律,强化互联网思维,坚持传统媒体和新兴媒体优势互补、一体发展,坚持先进技术为支撑、内容建设为根本,推动传统媒体和新兴媒体在内容、渠道、平台、经营、管理等方面的深度融合,着力打造一批形态多样、手段先进、具有竞争力的新型主流媒体,建成几家拥有强大实力和传播力、公信力、影响力的新型媒体集团,形成立体多样、融合发展的现代传播体系。要一手抓融合,一手抓管理,确保融合发展沿着正确方向推进。

实际上,融媒体人才的培养某种意义上正是针对新媒体时代所带来的变化的。传统的媒介业务课程已经无法满足国际新闻传播人才培养的需求,融合新闻采访与报道、大数据新闻、数字新闻传播课程等内容应该与时俱进。针对新闻学实践性强的特点,课程也应该随之调整,改变新闻教育远远滞后于新闻实践的现状。但是另一方面,也必须要意识到我们在强调融媒体的同时,很容易忽略了新闻传播的根本而偏向于"技术流",被不断出现的新技术所吸引而丢弃了最为核心的价值。

三、新媒体时代,在国际传播人才培养方面应该从传统的以"传播者"为主向以"受众"为核心的方向转变

新媒体时代带了很多变化,甚至颠覆了很多传统的传播学概念,但是在诸多的变化中,唯一没有变化的因素是受众,接收信息的主体还是人。只不过相对于传统的传播方式,今天受众选择的自主性更强,互动性更积极,情感色彩更为强烈。传统的传播方式因为传播平台和渠道的垄断,以"传播者"为主导的"把关人"的身份定位非常正常,但是由于新媒体时代所带来的变化,受众更加广泛地参与到信息传播的过程中,受众的选择反过来会影响信息传播的方式。实际上,新媒体时代在某种程度上意味着受众主导传播方式的时代已经到来。

国际传播本质上是一种文化传播，也遵循水往低处流的规律，随着近年来的发展，中国的经济实力以及对外影响力不断增强，世界上很少有像中国这样一个地方，在短暂的几十年里发生着巨大的变化，中国本应成为世界关注的焦点。但事实上，国际上对于中国的偏见仍然存在，这在另一个方面也对现有的国际传播的思维方式提出了问题，关键还是要从以"传播者"为主导的传播方式向以受众为核心的传播方式转变。

因此，文化传播过程中，除了新闻传播的专业学科教学实践之外，更重要的是对国外文化的理解，这方面的内容甚至比对新技术的了解与应用更为重要，因为这涉及最为核心的"内容"。但这一方面的内容在教学过程中又是很难在短时期内见到效果的，多少有些费力不讨好的感觉。教育的过程往往是这样的，越是有必要的课程设置，越是跟实用性结合得不那么紧密，但从长远的发展来看，这些内容恰恰是大学教育的基础。

此外，新媒体时代的多元化特点，要求从以英语为主导的国际新闻传播向小语种延伸。在推动对外传播"走出去"工程中，战略部署和实际操作层面过度关注以欧美为中心的目标市场和受众，忽视了"西方路灯光影以外的世界"，即第三世界国家。① 媒介传播的根本在于沟通，国际传播也是如此，新媒体时代传播方式和环境都在发生着变化，不同文化之间的沟通就变得尤为重要。新媒体时代交互式的传播方式，使不同文化之间更为深入和广泛的沟通成为可能，而如何把握、理解这种新的传播方式，是我们现在面临的一个重要课题。

随着技术的进步与发展，新媒体时代还可能出现更多的变化与机会，因此新闻传播的教学与实践也就不可能一成不变，它必须要适应时代的发展与进步，必须要面对现实生活中的每一个变化与挑战。现代传播媒介的发展，曾经改变了几代人的生活，甚至是思维方式，新媒体时代的来临，也必将改变我们这一代人认识社会、了解世界的方式，而这些改

---

① 史安斌:《论我国对外传播事业的"短板"与国际新闻传播人才培养模式的创新》,《新闻界》2012 年第 7 期。

变也必将影响到我们具体的教学与实践的过程,从每一个细节到我们的习惯。

这是一个不断变化的时代,有一句话说得好:变化越大,机会也就越大。

〔曲茹,教授,硕士研究生导师,现任北京第二外国语学院党委宣传部部长,兼任中国高等教育学会新闻学与传播学专业委员会理事等社会职务。主要研究领域:新闻学、影视艺术传播。〕

教学改革篇

推进本科教学改革，培养高素质传媒优秀人才

——以韬奋出版实验班建设为例

◎ 王　瑞

摘　要：当前，编辑出版行业的发展急需高校为其提供大量高素质、复合型的专业人才。围绕着编辑出版学专业建设，新世纪以来全国数十所高校进行了卓有成效的改革与探索。在韬奋基金会的指导下，北京印刷学院利用首都的地缘与资源优势，2012 年创办全国唯一的韬奋出版实验班，并积极探索政、产、学、研、用一体化的人才培养模式，推进本科教学改革，致力于创新人才培养体制与机制，提升专业人才培养质量。

关键词：编辑出版行业；韬奋班；人才培养

新世纪以来，迫于严峻的就业形势，各高校纷纷调整学科、专业发展结构和人才培养目标，我国高等教育加快了内涵式发展、注重人才质量提升的步伐。据统计，“2012 年我国高等教育在校生总人数已达到《教育规划纲要》2020 年的预期规模”，“新世纪前十年，普通高校毕业生数已开始大于白领岗位总需求人数；未来十年，普通高校毕业生有 40% 左右须进入蓝领岗位就业，成为知识型工人、知识型农民和知识技能型商业服务人员”①。

新闻出版广电总局成立后，新闻出版行业迎来了一个快速发展的机遇

---

① 胡瑞文、张海水、朱曦：《大众化阶段的人才供求态势与高等教育转型发展》，《教育研究》2014 年第 1 期。

期，新闻出版产业积极进行结构调整，继续保持较强的可持续发展能力。2014年7月9日，中国新闻出版研究院发布的《2013年新闻出版产业分析报告》显示：2013年我国新闻出版产业“经济指标平稳增长，产业规模继续扩大。全国出版、印刷和发行服务实现营业收入18246.4亿元，较2012年增加1611.1亿元，增长9.7%；利润总额1440.2亿元，较2012年增加122.8亿元，增长9.3%，反映出新闻出版产业仍继续保持较强的可持续发展能力”。

因应新形势的发展，尤其是社会、行业需求的变化，“近年来我国正规的出版教育经过多年的改革和发展，正在逐步向以产业发展需求为导向、培养复合型人才为目标转变”①。北京印刷学院韬奋出版实验班进一步强化与业界的联系，积极探索人才培养模式创新，推进教育教学改革。

一、发挥资源优势，彰显办学特色

20世纪90年代，在我国高等教育的快速发展阶段，一些高校纷纷扩大招生规模，申报新专业。受此影响，新世纪以来高等教育人才培养的总体数量增长开始超过社会需求，人才结构亟待调整。相关专家明确指出：“从行业类型人才增量来看，全部大专及以上文化程度人才增量中，机关事业单位增量所占的比例逐步下降，经济行业企业增量所占的比例快速上升”，“我国高等教育应由前一时期扩大规模为主的外延发展模式转变为以结构调整、提高质量为重心的内涵发展模式；高等教育人才培养要与经济社会发展和劳动力市场相适应，对各级各类高等学校进行科学定位和合理分工；通过人才需求预测、调整高等教育的层次结构、科类专业设置和人才培养规格，实现转型发展”②。

在2000年到2010年的十年间，由于我国文化传媒产业的迅猛发展，新

① 王东霞：《近年高校数字出版人才培养研究综述》，《内蒙古师范大学学报（教育科学版）》2014年第4期。

② 胡瑞文、张海水、朱曦：《大众化阶段的人才供求态势与高等教育转型发展》，《教育研究》2014年第1期。

闻出版等领域的人才需求有较大增长，高校相关专业大学生就业形势也较为乐观。在这一背景下，全国有数十所高校开设了传媒类相关专业。近年来，这些专业的招生、就业压力日益突出。

表 1　新闻出版、文化工作人员非技术型岗位本科及以上人员变动情况

（单位：万人）

本科及以上文化程度人员数存量（在全部人员中所占比例）		
2000 年	2010 年	2010/2000
22.2(27%)	44.5(48%)	2.0(21%)

数据来源：胡瑞文、张海水、朱曦：《大众化阶段的人才供求态势与高等教育转型发展》，《教育研究》2014 年第 1 期，第 80 页。

北京印刷学院作为原新闻出版总署和北京市共管的高校，一贯重视根据社会需求进行学科、专业布局和人才培养，是我国首批开办数字出版专业的高校。经过 55 年的发展，北京印刷学院逐步完善涵盖本科、专科、研究生、留学生等多层面、全方位人才培养机制，累计为业界输送了数万名专业人才，被誉为出版印刷行业的“黄埔军校”。

新世纪以来，北京印刷学院坚持特色发展，充分利用行业资源优势、学术资源优势及地缘优势，适时调整人才培养目标、培养模式，初步形成了传媒科技、传媒文化、传媒管理、传媒艺术四大特色学科专业群，是高等学校出版专业教学指导委员会常务副主任委员单位、全国出版专业学位研究生教育指导委员会委员单位、国家新闻出版总署出版印刷高级人才培养基地、国家绿色印刷包装产业协同创新基地、国家新媒体产业基地“动漫创作及人才培训中心”。

考虑到首都传媒文化产业迅猛发展对高端人才的迫切需求，北京印刷学院于 2012 年春向韬奋基金会发函，申请以“韬奋班”名义办学。作为回复，韬奋基金会在 5 月 4 日的【2012】17 号文件中明确同意这一申请，全文如下：

关于同意北京印刷学院使用“韬奋班”名义的函

北京印刷学院：

贵院报送的《关于申请使用“韬奋班”名义的函》收悉。经我会认真审查，同意贵院使用“韬奋班”名义，在编辑出版学专业本科层面开设拔尖人才培养使用班。请认真贯彻落实教育部相关文件精神，结合贵院实际情况，合理利用相关行业资源、学术资源，为培养新闻出版界领军人才做出应有贡献。

此复。

韬奋基金会

二〇一二年五月四日

以此为契机，北京印刷学院在韬奋基金会的大力支持和指导下，积极利用校内校外优势资源，贯彻“人才培养质量的竞争是未来高校竞争的关键”这一指导思想，于2012年秋开设韬奋出版实验班，致力于培养高素质传媒人才，同时带动学校本科教学改革。

针对当前“大出版”“大编辑”“大媒体”的行业发展趋势，韬奋出版实验班的建设坚持“从行业中来，到行业中去”，面向传媒行业“开门办学”，在关注传统出版的同时，引导学生探索数字时代的出版特点及发展趋势，致力于培养高端的行业精英。韬奋出版实验班将人才培养目标定为：“面向出版社、杂志社、报社、网络出版公司、数字出版公司和文化公司，着力培养实践化、复合型、国际意识的高端编辑人才。”①

二、探索政产学研用一体化的人才培养模式

《国家教育改革与中长期发展规划纲要（2010－2020）》中明确指出，高等教育要“着力培养信念执着、品德优良、知识丰富、本领过硬的高素质专门

① 北京印刷学院教务处编：《编辑出版学专业（韬奋实验班）培养方案》，《北京印刷学院2014级本科专业培养方案》，第34页。

人才和拔尖创新人才”。2012年,北京市教委在《加快改革创新,提高教育质量,推动北京高等教育内涵发展》中也强调指出:“以人才培养模式创新试验区建设为龙头,大力开展人才培养模式改革创新,鼓励地方特色行业院校,有效依托北京地区人才、物质及管理等优势,充分发挥学校现有专业特色,以服务北京经济社会发展为目标,积极探索建设应用型专业人才培养模式创新试验区。”

与上述国家和北京市高等教育建设方向相适应,北京印刷学院为实现学校建设“国际知名、有特色、高水平传媒类大学”的奋斗目标,将优质学科资源聚集在传播、信息等和媒体密切关联的学科领域中,在这些特色领域的学科方向凝练、人才培养质量、科学研究水平和社会服务能力等方面做到极致,站在国内甚至世界的前沿,成为行业发展不可或缺的重要依托和支撑,坚持走特色发展的道路。① 韬奋班作为北京印刷学院本科教学改革实验班之一,切实贯彻学校发展的上述指导思想,坚持政产学研用一体化的办学思路与理念,集中优势资源,加强过程管理,切实提升办学效果。

1. 整合校内校外优势资源开门办学

韬奋班的开设,是北京印刷学院全面贯彻国家和北京市教育方针的重要举措。根据全国新闻出版行业的发展趋势及需求,韬奋班在建设过程中充分认识学校集中优质资源发展特色专业、学科的重要意义,加大学科建设与政府、行业、科研领域等各方面力量的协作,着力培养适应社会需求的高素质拔尖创新传媒人才。

韬奋班在制订培养方案、选聘师资队伍、强化实习实践、推进导师导学制等多层面贯彻“开门办学”的原则,延请业界、学界专家对人才培养目标、培养特色、教学计划、课程建设、教材建设、教学方法、考核评定、教学组织与管理等方面进行深入研讨和创新改革。

① 杜艳平、胡婷:《深化师资培养制度改革,走内涵式发展道路》,《北京教育(高教版)》2014年第6期。

2. 践行韬奋精神，实施卓越新闻传播人才教育培养计划

韬奋班用邹韬奋先生命名，是北京印刷学院开辟的人才培养试验特区之一，在人才培养上贯彻教育部实施卓越新闻传播人才教育培养计划的指示精神，引导学生以学习和践行韬奋精神为己任，将课外培养与课堂教学相结合，在授课之余，鼓励、组织学生积极参加第二课堂和各级各类实习、参观、会议等，以基于能力的培养为最终教育目标。韬奋班尝试探索“1 +2 +1”模式，实行校内实习与毕业综合实习相结合的方式，让学生秉承韬奋精神，在“韬奋杯”新闻出版知识竞赛、“韬奋杯”版权征文大赛、“韬奋杯”全国大学生出版创意大赛等各级各类竞赛，以及认知实习、企业和社会调研、制作实习等校内外实习中积累经验，并于大四开展为期一年的毕业综合实习。

韬奋班的建设积极与行业对接，一方面借鉴北京印刷学院编辑出版学国家级特色专业建设、国家级校外实习实训基地的经验，并享受相关资源；另一方面借鉴数字出版专业率先尝试的“3 +1”人才培养模式改革，开展“1 +2 +1”模式，与行业深入合作，落实学生的毕业综合实习，安排学生到国内优秀出版企业和国外大出版企业驻中国机构实习，指派专门的校内外指导教师对每位学生负责，并倡导毕业论文与毕业综合实习相结合，创新性地开展毕业论文创作。

3. 坚持个性化培养、因材施教

经北京印刷学院新闻出版学院党政联席会讨论决定，韬奋班的选拔人数控制在30人左右，主要从新闻出版学院新生中选拔，实行自愿报名、择优录取的原则，符合报名条件的学生需要通过初试和复试两个环节，全面考察其人文基础知识和综合素质、能力。

作为教育教学改革的重要园地，韬奋班坚持客观、公正、透明的选拔过程，并在培养过程中及时进行淘汰和增补，保证实验班的引领作用。韬奋实验班的学生是经过自愿报名、学院选拔、结果公示等环节选拔出来的品学兼优的学生，培养过程中努力贯彻因材施教、个性化培养，致力于把每一位实验班的同学都培养成高素质、复合型的传媒人才，在毕业时达到德智体美全

面发展,成为基础厚实、知识面宽、思路开阔、思维敏捷、实践能力强、综合素质高、具有创新精神的拔尖人才。

通过开展行业需求调研,韬奋班在人才培养过程中着力培养理论基础扎实、专业技能突出、创新能力优异的新闻出版领军人才,通过整合全国出版行业资源及首都智力资源,强化个性化培养和“在做出版中学出版”等理念,利用特色课程、专题讲座、技能训练、专业竞赛、实习实践等多种形式,引导学生领会韬奋精神精髓,熟悉国家的出版方针政策与法律法规,形成良好的文化使命感,理论联系实际,积极应用专业理论知识分析、解决文化传媒领域相关问题。

韬奋班将学生创新能力的培养作为改革重点,在理论教学和实践教学中以学生为中心,明确校内校外指导教师的作用,通过培养过程强化学生“综合性、研究性和创新性”学习,贯彻理论学习、实践锻炼和学术研讨相结合的原则,注意引导学生形成独立学习、独立思考、独立生活、独立工作的能力,激发学生对研究和创新的追求意识。

除此之外,韬奋班还拟借鉴国外相关高校的办学经验,争取中国韬奋基金会和优秀出版企业、研究机构的支持,设置“韬奋学子奖学金”“韬奋奖教金”“韬奋留学奖学金”等奖学金,激发师生的学习、工作热情,全面提升人才培养质量。

三、革新质量保障与评价机制

根据赵少远在《数字出版时代高校对编辑出版人才培养浅析》一文中的总结,数字出版时代对编辑出版人才提出的新要求主要包括:复合型、创新型、即时型。①

在建设过程中,韬奋班积极发挥其在教学改革与创新中的龙头作用,通过创新人才培养机制,创建优良的学风和营造浓郁的学术氛围,使其成为学

① 赵少远:《数字出版时代高校对编辑出版人才培养浅析》,《新闻世界》2015 年第 1 期。

校的教学研究实验基地、师资队伍建设基地、创新型人才培养基地,发挥其在教学中示范、辐射和服务功能,从而带动学校整体教学质量和办学水平的提升,为建设教学研究型大学创造条件。

目前,韬奋班的硬件建设取得初步成效:2012 年,学校已经设立专项资金 100 万进行建设,并为韬奋班配备了单独的教室,有运行良好的教学实验设备,能够保障教学需要。与此同时,韬奋班的培养方案已经在专家的指导下完成一次修订,并初步完善了韬奋班选拔、淘汰与增补方案,建立健全了韬奋班导师制度。

1. 量身打造培养方案,提升人才培养质量

北京印刷学院新闻出版学院领导深刻认识到办好韬奋班的重要意义,高度重视韬奋班的教学和管理工作,为实验班进行教学改革和各项工作提供必要的物质条件和政策保障。学校不仅支持韬奋班从行业中选聘富有改革开拓精神、教学经验丰富、思维活跃、学识渊博、教风严谨、注重教书育人、教学效果好的专兼职教师担任课程主讲人,而且积极牵头召开专题研讨会,邀请学界、业界知名专家与教师一起确定科学、合理的培养方案,细化到具体的教学计划、教学内容和教学方法。

韬奋班的培养方案非常重视与业界的联系,主要通过"韬奋大讲堂",邀请业界精英进行专题系列报告,强化学生多元化的视野和综合性的能力;并配合深入行业内的多层次实习实践训练,让学生在实战中成长。

韬奋班的培养方案还在国际视野的观照下,将培养学生的国际意识和国际版权贸易的能力作为努力方向,采用双语教学,引导学生熟悉国内外新闻出版行业的历史与现状,了解传媒行业、文化产业的一般规律,具备一定的全球视野、现代意识。

由于韬奋班的学生是在新闻出版学院新生中选拔出来的,所以培养方案修订过程中注意对学生进行全面的、高素质的培养,重视扎实的思想政治基础教育、文化基础教育、科学基础教育和专业教育,重视不同阶段相关课程的教学,通过不同课程模块,引导学生拓宽视野,掌握基础理论知识与专

业理论知识，形成复合型的专业知识结构。经过四年的学习，学生不仅应当具有较为宏阔的专业视野、良好的身体素质、较好的美育素质，而且要理论联系实际，掌握专业基础理论，具有扎实的人文基础、较强的文字能力、基本的媒体素养、熟练的编辑技术，熟悉国家的出版方针政策与法律法规，还要熟练掌握市场调查、选题策划、生产制作、广告宣传、市场营销等出版业必备的专业知识和业务能力，具备初级的图书、期刊和报纸等媒体的选题策划能力。

2. 完善韬奋班选拔、淘汰与增补方案

韬奋班每级学生人数控制在25－30人，截至目前，韬奋班已实现在新生开学三周内，在新闻出版学院编辑出版学、传播学、数字出版、广告学、新闻学等专业的一年级新生中进行选拔、组建，并淘汰和增补，进行动态调整。

为保证韬奋班坚持努力向上的学风，发挥示范作用，学生出现以下情况者将在第一学年的第二学期末被淘汰，回到编辑出版学普通班：出现课程挂科且年度学分绩点在3.2以下的；英语考试成绩年度平均分低于70分以下的；违反学校有关规定，受到纪律处分的；课堂出勤抽查学年累计超过10次未到的；早晚自习出勤率低于80%的。被淘汰转读到编辑出版学普通班的学生，需按照编辑出版学专业培养方案补修相关课程。由于淘汰同学所产生出来的名额将及时进行增补，增补原则为：新闻出版学院（或全校）范围内自愿报名，择优录取；报名学生学习成绩优异，英语成绩年度平均成绩需在80分以上，年度综合成绩排名需在班级前5名；报名学生需品学兼优，无违反学校纪律行为。增补的学生，需按照韬奋班培养方案补修相关课程。

3. 完善导师导学制

韬奋班以导师导学制配合班主任制，力图使学生得到名师的言传身教和熏陶，开阔学生的视野，启发学生的创新意识，满足创新型人才培养的需要。

韬奋班建立后，由韬奋班管理委员会负责日常管理。管理委员会分为教学工作委员会和导师工作委员会。教学工作委员会设置主任1名，优质师资 15 人(学界和业界的优质师资)，学生工作人员 1 名，教学秘书 1 名。教学工作委员会全面负责韬奋班人才选拔、教学计划制订与修订、教学运行和学生管理工作。导师工作委员会由学校和出版界热心教学改革的资深教授、专家组成，负责实验班学生的学习指导。韬奋班导师与学生配备比率目标为 1∶1。新闻出版学院会同教务处、学生处定期召开任课教师、班主任、导师和学生代表参加的会议，及时了解学生的思想、学习情况，严格执行各项教学制度和规定，严肃教学纪律，建立健全教学质量保障体系，以期创建优良的教风和学风。

结　语

为了满足传媒行业迅猛发展对优秀人才的迫切需求，北京印刷学院在中国韬奋基金会的指导下利用行业资源与首都资源积极创办并建设韬奋班，是首都高校创新传媒类人才培养模式的有益尝试，其相关探索不仅为高校在本科层面试行拔尖人才培养积累了经验，而且有益于韬奋精神的继承与发展。

在坚持个性化培养、因材施教的基础上，韬奋班未来的建设计划进一步拓展国际视野，切实开展与国外知名高校的联合培养，以导师一对一指导、专题讲座等形式鼓励、引导学生出国留学或深造，并配合与国外合作院校互派学生、短期学习、假期培训等多种形式，与国际教育接轨。

〔王瑞，女，2004 年毕业于武汉大学，获文学博士学位，同年到北京印刷学院从事教学科研工作至今。现为编辑出版系系主任，副教授，硕士研究生导师，北京市青年拔尖人才项目入选人员，北京印刷学院教师教学发展中心工作委员会委员。主要研究方向为期刊出版与现当代文化思潮变迁。〕

媒介融合背景下传播学应用型本科毕业设计(论文)教学改革探索

◎朱 方 侯 健

摘　要:当今文化产业振兴与媒介融合加速,传媒生态环境急速变化,给高校传播学教育带来巨大的挑战与机遇。本文从毕业设计(论文)的教学改革切入,探析传播学应用型本科人才培养的创新空间与应对之策。毕业设计(论文)是传播学教育中的一个重要环节,对这一环节进行改革的设想和实践早已有之。清华大学新闻与传播学院多年前就曾经尝试以实践性的毕业作品代替学术性的毕业论文,并坚持至今。本文再次提出这一问题,希望成为传播学应用型本科教育领域的一次有价值的尝试。

关键词:媒介融合;传播学;应用型本科;毕业论文;教学改革

当今文化产业振兴与媒介融合加速,传媒生态环境急速变化,给传播学人才培养带来巨大的挑战与机遇。在媒介产业形态演进和数字技术成熟的背景下,媒介融合已经成为传媒形态发展的趋势:广电网、电信网、互联网三网合一的战略已经进入实质性操作阶段;报业集团与广电影视集团联手实现跨媒体合作;广播、电视、报纸纷纷在融合创新中谋发展。传播学教育究竟应该如何培养适应社会和市场需求的传媒人才,成为学界和业界共同思考的问题。毕业设计(论文)是传播学本科教育中的一个重要环节,对这一环节进行改革的设想和实践早已有之。清华大学新闻与传播学院多年前就曾经尝试以实践性的毕业作品代替学术性的毕业论文,并坚持至今。本研究再次提出这一问题,希望通过教学改革实践探析传播学人才培养的创新空间与应对之策,试图为培养适应媒介融合背景下社会和市场需求的传媒人才提供有益的思路和建议。

一、媒介融合与传媒人才培养

在媒介产业形态演进和数字技术成熟的背景下,媒介融合已经成为传媒形态发展的趋势。全球范围内"在集中和融合的媒体集团中,不同的媒体可以通过某种流程控制实现资源重整,电视台帮衬报纸、报纸联动网站、网站呼应广播电视,利用各自的介质差异,在新闻信息传播上实现资源共享而又产品各异,联手做大区域市场,并且在这一市场上占据垄断地位"①。章于炎、乔治·肯尼迪、弗里兹·克罗普等学者曾对从媒介融合到竞争优势的发展轨迹有比较清晰的描述:"媒介融合—优质新闻业务—更多盈利—低成本、与众不同,在规模经济和范围经济的作用下,获取竞争优势的发展轨迹。媒介融合应该整合同一所有权下或者不同所有权下的多种媒体机构,使其在同一屋檐下运作,以丰富媒体内容,带来优质的新闻业务,创造利润,通过获取更多的资源来降低成本,由此而实现成本领先和与众不同,也就是媒体机构可持续发展的竞争优势。"②

在媒介融合背景下,新闻传播的生产方式、流程等发生了深刻的变化,这无疑对传播学人才的培养规格带来了新的挑战,进而引发新闻传播类专业人才培养模式和多个教学环节的改革与创新。国内许多学者对媒介融合背景下新闻传播学人才培养的问题展开研究,认为在媒介融合背景下的传媒人才应当是:

第一,了解新媒体特征,具备跨媒体技能的"多面手"。作为媒介融合背

① 蔡雯:《融合:新闻传播正在发生重大变革》,《新闻战线》2009 年第 6 期。

② 章于炎、乔治·肯尼迪、弗里兹·克罗普:《媒介融合:从优质新闻业务、规模经济到竞争优势的发展轨迹》,《中国传媒报告》(*China Media Reports*)2006 年第 3 期。

景下的新闻传播工作者，不再面对单一媒体，而是需要面对三网融合下的多种媒体，所以需要了解网络、手机等新媒体特征以及信息传播规律，并具备跨媒体传播的技能。如“背包记者”除了具备基本的新闻采、写、编、评等技能外，还能够综合运用多媒体技术，将新闻内容通过报纸、广播、电视、网络、手机等多个媒体平台以视频、音频、图片、文字等多种方式传播出去。

第二，整合传播策划的高层次管理人才。在媒介融合的背景下，报纸、广播、电视和网络媒介的采编运作不再是“1报、1台、1站”各行其是，新闻的生产不再是由单一媒介独立作战进行的“作坊式”生产，而是跨媒介的团队合作，形成现代化意义上的跨媒介融合生产①。媒介融合使媒介竞争环境更加复杂，这也使得熟悉各类媒介、明白技术为传媒发展提供的可能性、具备整合海量信息及多类型资源的能力、擅长策划经营等成为多媒体集团中高层次管理人才的必备素质。所以，这要求新闻传播类专业的毕业生不但需要具有扎实、系统的专业知识，也要有较强的实践能力和创新精神。

二、传播学应用型本科人才培养

传播学是一门研究人类信息传播现象和传播行为及其规律、传播与人和社会的关系的学问，是新闻学、社会学、政治学、心理学等多学科交叉的学科。纵观传播学的起源和发展，我们不难发现传播学的两个重要特征，其一是多学科交叉，决定了传播学应用的广泛性；其二是传播学在任何一个国家的发展都取决于所处环境的社会要素，即传播学的产生和发展是社会、政治、经济发展的产物，决定了传播学的时代性。我国的传播学教育经过几十年的发展，已经形成了本科—硕士—博士的连续层次，数量和分布都已具规模。虽然我国的传播学教育有了快速发展，但在积累了成功经验的同时也存在着诸多问题，例如，学科认识不清，专业建设不完善。传播学在我国的发展还较为短暂，没有形成独特的学科观念，加之多学科交叉的属性，自身

① 李红祥：《媒介融合下新闻学专业人才培养模式的变革》，《文教资料》2012年第2期。

发展还很不成熟,尤其将传播学设置在新闻传播的一级学科下,使得新闻学与传播学的研究交织在一起难以区分,导致传播学教育与新闻学教育相类似,课程设置趋同,从而影响了传播学人才的培养。同时,由于传播学在我国起步较晚,社会认知度普遍较低,学界对传播学的研究止于对国外已有成果的介绍和转化,缺少针对本土实际问题的观照,更加剧了社会环境对传播学的认知不足,从而一定程度上引起传播学就业岗位的模糊和缺失。目前很多学校培养出来的传播学专业的学生大多从事记者、编导等新闻类的工作,一些毕业生的工作与专业并不对口,很多用人单位认为传播学理论过于空泛,传播学专业的学生缺乏专业优势,这也在一定程度上反映了传播学教育的不足。然而,从我国社会发展的现实来看,媒介融合背景下传媒事业蓬勃发展,传播制度不断变革,信息传播技术日新月异,产业结构深化调整,客观环境又迫切需要传播学人才的补充。传播学人才培养与社会需求之间的错位和失衡,让我们不得不思考传播学教育究竟应该如何培养人才。

应用型本科教育以培养应用型人才为主,已成为高等教育体系发展完善的重要方面。应用型本科教育是"以培养知识、能力和素质全面协调发展,面向生产、建设、管理、服务一线的高级应用型人才为目标定位的高等教育"①。与高职高专教育主要培养操作性人才不同,应用型本科教育需要遵循本科人才培养的教育规律,培养学生具有较宽广的理论基础,具有可持续发展的潜能和不断创新的能力;而与普通本科教育强调基础理论教学、主要培养学术型人才不同,应用型本科教育以地方或行业的人才市场需求为导向,以培养应用型本科人才为目标,教育教学突出实践性。

传播学应用的广泛性与应用型本科教育的内涵相契合。传播学应用型本科层次的人才培养则应该更加观照实际,加强实践性教学,突出实践能力的培养。而在媒介融合背景下,国内外传播学应用型本科教育在多个教学环节上也进行了相应的调整。譬如,在媒介融合加速,各个媒介的合作与联盟成为趋势的新媒体环境下,社会对一专多能型的媒介通才的需求量上升。

---

① 史秋衡、王爱萍:《应用型本科教育的基本特征》,《教育发展研究》2008 年第 21 期。

为了适应这样的变化，很多国家的新闻传播类专业教育都进行了适当的课程调整，如美国威斯康星大学麦迪逊分校新闻与大众传播学院在 2003 年提出了所谓“大学科”的教学理念，将传统的广告、公关、媒介管理等方面的教学资源打通，重新设置专业课程。

三、传播学应用型本科毕业设计（论文）教学改革

在传播学应用型本科教育中，毕业设计（论文）环节是实现人才培养目标的重要教学环节。根据教育部办公厅 2004 年颁布的《关于加强普通高等学校毕业设计（论文）工作的通知》，毕业设计（论文）在培养大学生探求真理、强化社会意识、进行科学研究基本训练、提高综合实践能力与素质等方面，具有不可替代的作用，是教育与生产劳动和社会实践相结合的重要体现，是培养大学生的创新能力、实践能力和创业精神的重要实践环节。同时，毕业设计（论文）的质量也是衡量教学水平、学生毕业与学位资格认证的重要依据。然而，传统的以毕业论文进行综合训练的单一形式有抄袭流弊，且不能较好指向传播学应用型本科人才的培养目标。毕竟，传播学是一门应用性、实践性很强的学科。如何对单一形式的毕业论文环节进行教学改革，提升传播学应用型本科毕业设计（论文）综合训练环节的教学质量，使其联动地促进其他教学环节的完善，真正满足对学生能力系统化培养的要求，成为传播学本科教育领域一个亟待解决的问题。

查找 1990 年至今的中国期刊全文数据库和中国硕士、博士论文全文数据库等，鲜见针对传播类专业毕业设计或毕业论文改革的文献。而通过全国新闻传播类专业人才培养调研，本研究发现部分本科院系已经开始对毕业设计（论文）环节的模式进行改革创新。如清华大学新闻与传播学院多年前就曾经尝试以实践性的毕业作品代替学术性的毕业论文；武汉纺织大学网络传播专业实行论文、策划、作品相结合的 1 + 1 + 1 毕业设计模式，即 1 篇专业理论毕业论文，1 个策划方案（一个版面、栏目或网页策划方案），1 组同

主题作品(一期网络传播节目、报纸版面或新闻网页),要求学生分组同时做报纸、网络和网页等系列作品,全面训练、考核学生的专业素质;深圳大学传播学专业开始实行以全媒体报道、新闻专题片、纪录片、网络电子期刊、媒介内容策划、新闻热点问题调查报告、创办媒体等形式设置毕业设计。这些高校的做法给予了本研究启示,而本研究再次提出这一问题,希望对毕业设计(论文)改革进行更为多元而有益的探索。

(一)教学改革方案

1.基于项目驱动教学法设置毕业设计模块

“项目驱动教学法是实施探究式教学模式的一种教学方法,是一种建立在建构主义教学理论基础上的新方法。建构主义学习理论认为,知识不是通过教师传授得到的,而是学习者在一定的情境下,借助他人的帮助,利用必要的学习资料,通过意义建构方式获得的。建构既是对新知识意义的建构,同时又包含对原有经验的改造和重组。”[①]基于建构主义的项目驱动教学法以学生为中心,以项目为导向驱动学生自主探索、互助协作,分阶段设计与实施项目,创设情境使学生在做中学,以用导学,从被动接受变成主动实践。学生全程参与一个综合项目运作的过程充满乐趣与挑战,学生被卷入其中,在推进项目、解决问题的驱动下发挥主体意识和创新精神,主动学习与实践操作,从而加深对原理和理论的理解,体验知识在实际应用中的复杂性与艺术性。

项目驱动教学法转变了教师和学生的角色。教师是主导,其作用不完全是教授者,更多的时候是组织者和指导者;学生是主体,是项目自发的推动者和实践者。在完成项目的驱动下,学生需要发挥能动性与创造力,对多门传播类课程的知识进行关联衔接、融会贯通,以主动实践的方式运用所学来解决实践中遇到的问题。而在整个过程中,教师的角色更像是一个教练,

---

① 霍芳:《论项目驱动教学模式的应用》,《中国校外教育》2008 年第 1 期。

主要工作是给学生提供必要的资源与环境，帮助学生设计具有可行性和可操作性的方案，对学生项目实施进行督导和质量控制，启发学生项目实施，及时纠正学生的偏差，并引导学生对项目成果进行反思与评价。

传播学应用型本科人才培养可以在单一做毕业论文的基础上增设毕业设计环节，毕业设计基于项目驱动教学法设置多个模块，鼓励学生结合实习或就业单位的实际，结合真实的产学研项目或学科竞赛来完成。毕业设计下设的多个模块应对媒介融合对多面手传媒人才的需求，可既有指向传媒内容制作的如新闻采写作品发表模块、平面广告VI设计模块等，又有应对多媒体传播渠道的如影视作品制作模块、期刊策划与制作模块、网页设计与制作模块等，还有针对文化传媒项目运作与经营管理的如文化传媒项目运作模块等。

毕业设计模块	模块简介
新闻采写作品发表模块	学生结合实习媒体的实践，协同或独立进行采、写、编、评、制作等，作品在实习媒体上发表。
平面广告、VI设计模块	平面广告设计与时报金犊奖、中国大学生广告艺术节学院奖等大赛结合；视觉识别手册设计与实际项目结合。
影视作品制作模块	作品可涉及电视新闻片、纪录片、剧情短片、实验片、电视专题片等，学生担任导演、编剧、摄像、剪辑等，协作团队完成。
期刊策划与制作模块	作品可涉及新闻、时尚、文化和企业内刊等多种类型，学生自选纸媒或电子形式策划和制作。
网页设计与制作模块	网站可涉及新闻、广告与文化等多个主题，学生完成三层链接结构，并运用多种多媒体技术和动态网页制作技术。
文化传媒项目运作模块	学生通过深入的调研，参与策划并运作真实的文化传媒项目，评估项目实效，并撰写完整的项目报告。

2. 引入自选机制满足学生多元成才需求

自选机制尊重学生的差异性，较好地满足学生多元的成长需求，并有利于促进学生自主学习，提高学习效率。针对传播学专业研究型、创作型、应用型等不同层次学生成长成才的需要以及社会对不同层次人才的需求，在毕业设计（论文）的教学改革工作中采用选修机制，可以创设不同的教学情景，给予学生个性化的辅导与训练，使不同层次的学生都能经过努力得到发展。具体操作方案如下：

首先，传播学各专业在达成传播学专业整体培养目标的前提下，根据本专业的培养特色，选择并抽取毕业设计模块，并制订详细毕业设计选题指导书，明确毕业设计作品和报告的具体的规格和要求；其次，在学生选题阶段，容许学生充分估计到自身的知识储备和解决问题的能力，结合职业规划、就业实际和个人兴趣来选择做毕业设计或毕业论文。选择做毕业设计的学生可进一步从本专业多个毕业设计模块中选择一个模块来完成毕业综合训练环节。

新闻学专业也可以做类似的毕业设计模块设置。由于媒介融合催生了新闻素材的跨媒介采集，多样化的融合新闻大量涌现，新闻产品的加工方式与发布渠道更是多元化的，传播方式也从传统的点到面的传播方式转变为点对点、点对面和面对面的复杂传播方式①。新闻生产与传播的变革带来新闻学人才培养的变革。新闻学专业的课程设置可考虑以传统的新闻概论、中外新闻史、新闻采访与写作、报刊编辑学、新闻评论、新闻策划学、新闻道德与法规等课程为纵向课程体系，以电视新闻、报刊新闻、网络新闻传播等不同媒体新闻学课程为横向课程体系，横纵交织实现对新闻学教学内容较为全面的覆盖。而新闻学专业的毕业设计则可考虑选择抽取新闻采写作品发表模块、电视纪实短片（如电视新闻片、专题片、纪录片等）制作模块、新闻类的期刊策划与制作模块，以及网页设计与制作模块等，尽可能为学生适应媒介融合发展，适应未来不同媒体的需要创造条件，学生也可根据自身情况选择不同模块来完成对自己专业知识和能力的进一步建构。

（二）教改实践及效果分析

本研究将以上毕业设计（论文）教学改革方案应用于北京城市学院传播

---

① 刘昊：《面向媒介融合的网络传播专业实践教学体系探析》，《新闻教育》2011 年第 8 期。

学专业的教学中，从统一做毕业论文改革为推行毕业设计，鼓励学生选择毕业设计完成毕业综合训练环节。毕业设计结合专业方向特色设置多模块，实施毕业设计、论文学生自选机制，并配备专业教师指导。通过循序渐进地推动，2012 届北京城市学院新闻传播学专业 223 人中有 106（48%）人，2013 届 191 人中有 103（54%）人，2014 届 251 人中有 203（81%）选择做毕业设计。从整体完成情况看，学生毕业设计作品较有创意和特色，作品能够体现较高的专业素质和能力，具有较为精良的制作水平。毕业设计（论文）环节教学改革的效果分析如下。

1. 毕业设计较好地提升学生的专业实践能力

在毕业设计（论文）答辩后的学生小组访谈中，选做毕业设计的学生普遍反映通过毕业设计的学习和实际动手训练，较好地提高了专业实践能力，如果能再次选择还是会选做毕业设计。大多数学生毕业设计能与行业一线实践相结合，有的学生结合实习或就业单位的实际和需要来完成毕业设计。

2. 自选机制激发学生兴趣，促进学生个性发展

学生在专业方向培养的框架下自选毕业论文以及毕业设计模块的方式，从三届学生完成情况看，该机制能较大程度激发学生的兴趣，发挥学生的专长和积极性，从而促进学生的个性发展。不同毕业设计模块的设置，也促进学生在媒介融合背景下接触不同的媒介形态，以适应媒介融合背景下对人才的需求。选做毕业设计的学生通过项目驱动实践训练，获得了项目完成的自信心与成就感。而选做毕业论文的学生，多数为考研的学生，对学术研究感兴趣，有的学生在北京市新星计划等项目的基础上完成了高质量的学术论文，有的学生通过扎实认真地完成毕业论文提升学术分析与科研的能力，写出有价值的学生论文并在国家级或省级专业学术期刊上发表。

3. 毕业设计训练有利于提高学生综合素质

毕业设计的各项目模块鼓励并驱动学生将所学运用于实践，而在参与实践的过程中，学生人际交往、与人合作等综合素质都有所提升，为顺利步入就业岗位奠定了良好的基础。如学生在以团队完成毕业设计的项目中，

相互协作、优势互补，在共同的学习与实践过程中共同进步。在访谈中，学生说“我们一起完成短片的策划和制作，整个过程并不容易，我们一起战斗过来，感到相互之间的友情更深厚了”。又如，参与产学研项目的学生，通过与老师一起了解客户需求、反复与客户沟通、实地调研等实践，与形形色色的人打交道，了解了真实的工作流程，提升了学生的专业综合技能和职业素养。

(三)总结与建议

总体而言，本研究完成了对传播学应用型本科毕业设计(论文)综合训练环节改革创新的研究，形成了具体的改革办法和实施方案，经过多届工作实践，达到了良好的教学效果。未来传播学应用型本科毕业设计还可以考虑如下拓展方向。

1. 任务群集

毕业设计模块设置考虑更多任务群集的方式，由多个相互关联的任务群集形成一个毕业设计模块。教师鼓励学生运用所学的多门专业课程甚至跨专业方向的知识来完成一个综合毕业设计项目。如当学生选择进入影视作品制作模块，需要学生运用电视节目策划、电视节目拍摄与剪辑、节目主持等多门课程的知识参与并完成一期电视节目的制作。在毕业设计模块的驱动下，学生在完成一个接一个群集任务的过程中，通过对多门课程的知识关联衔接、融会贯通来锻炼专业技能，同时切身体验多种岗位的工作职能以及对人才素质的要求，从而提升综合素质。

2. 教师联手

任务群集打破课程、知识、专业方向的壁垒，同时，教师联手指导打破了教师间的壁垒。为了达成更好的教学效果，使学生受益最大化，毕业设计模块也可以考虑整合专业与教师资源，创新教师指导方式，从单个教师指导改革为两名甚至多名不同专业方向的教师联手指导学生完成毕业设计。如擅长文案和策划的老师和教授排版制作的教师可联手指导期刊策划与制作模块；擅长影视编剧的老师可以和擅长影视拍摄和剪辑的老师共同进入影视作品制作模块，对学生从电影前期脚本撰写、中期组织拍摄、后期剪辑等进行完整流程指导。教师联手指导的方式既发挥了教师各自的专业特长，也互相补充形成合力更全面地完成了对学生毕业设计模块全流程的指导。

3. 学生组队

在毕业设计教学环节中，设计出更多团队项目，可尽量创设学生团队合作、协作学习的情境。可以考虑鼓励学生打破传播学本科各专业方向的界隔，跳脱专业方向的限制，根据兴趣自由选择，实现跨专业方向组成团队进入毕业设计模块。组成团队往往使项目做得更加精细而深入，更重要的是学生在一个学习共同体中分享知识，互助交流，碰撞出更多的思想火花，为达到共同的项目目标相互促进与激励，在项目执行中优势互补，协商攻破项目难关，从而提高学习效率，提升与人沟通、协助合作的意识与能力，同时也开拓了学生的专业眼界，为将来适应媒介融合的业态奠定了基础。为了促进学生团队合作，教学实施中可考虑采用学生自由结合的方式形成团队，鼓励学生自主管理，在子项目中轮值担当队长，同时明确每一名队员的项目分工，并在团队项目成绩外对个人表现、团队贡献等进行评分，增强学生的责任感和领导力，规避依赖、偷懒的现象。

〔朱方，北京城市学院副教授，研究方向为传播学研究方法、女性与传媒；侯健，北京城市学院副教授、传播系主任，研究方向为应用传播学、社会舆情。〕

传统经典课程的继承与发展

——“摄影构图”优质课程建设报告

◎ 郭艳民

摘 要:摄影构图是中国传媒大学一门历史悠久的经典课程,本文从课程定位、指导思想、教学内容、教学方法、教学资源建设、未来课程建设任务等方面对该课程建设作了全面梳理和思考。文中指出中国传媒大学的摄影构图课程具有自己的鲜明特点,即紧密结合影视视频创作实践,以静态为基础,以动态为目标,并且以大众传播为影像创作的目的。文中重点介绍了近年来该课程建设的创新之处,包括在拍摄单幅图片训练之外增加影像蒙太奇作业的训练,作业的提交方式转变为网络提交,课堂教学积极探索互动教学模式,等等。文章最后对本课程未来的建设目标及方式提出了自己的观点,优化教学资源、加强互动教学、提高实训水平是其基本原则和目标。

关键词:摄影构图;课程建设;继承;创新

摄影构图课程在中国传媒大学拥有悠久的历史。自从1965年开设摄影专业以来,这门课程就是其主干课程,至今已有50年历史。北京广播学院成立电视系之后,学生招收数量增加,这门课程在影视专业人才的培养方面发挥了日益重要的作用。

目前,中国传媒大学开设摄影构图课程的教学单位主要有新闻传播学部电视学院、艺术学部戏剧影视学院。开设这门课程的专业有影视摄影与制作专业(影视剧摄影、图片摄影、电视摄影)、照明艺术专业、导演专业(影视剧导演、剪辑)、广播电视编导专业(文艺编导方向、电视编辑方向)、新闻学专业(广播电视学)、戏剧影视文学专业、戏剧影视美术等。摄影构图课是这些专业主要的专业基础课或专业课。

经过50年的建设和发展,摄影构图课程成为中国传媒大学的一门优质课程。2008年,该课程被评为中国传媒大学"校级精品课程"。2008年,在本科摄影构图课基础上建设的电视摄影构图网络课程被评为"国家级网络精品课程"。2009年,该课程被评为"北京市精品课程"。摄影构图课程配套使用的教材也多次获奖。2011年,主讲教师郭艳民主编的《摄影构图》(高教版)高职高专教材获得教育部高等学校高职高专广播影视类专业指导委员会第二届广播影视类百部篇工程评选"优秀教材"一等奖。2011年,郭艳民编著的《摄影构图(第2版)》(中国传媒大学出版社出版)获得中国大学出版社图书奖第二届优秀教材奖二等奖。2013年,《摄影构图(第2版)》被北京市教委评为"北京高等教育精品教材"。

一、课程定位及指导思想

(一)课程定位

摄影构图课是影视"编、导、摄、美"多个专业的专业基础课或专业课。本课程主要介绍、探讨静态和动态画面的构成,细致分析画面构成的基本要素以及它们相互之间的关系,引导、培养学生的画面构成意识,认识线条、影调、形状、色彩和光线的作用,掌握画面造型规律,从而学习和掌握画面形象语言的构成、修辞与运用。

摄影构图课程的教学目标主要有三个:

1. 使学生扎实掌握静态摄影构图和动态摄影构图的基本理论、基本知识,尤其是画面语言的构成方法、规律;

2. 使学生了解画面语言的文化特征、美学特点,了解国内外最新技术带来的摄影构图新思维、新变化；

3. 培养学生的自觉鉴赏能力，打开学习视域，借鉴其他艺术的语言表述方法，提高创新思维的水平，为后续课程提供必要条件和思维准备。

(二)指导思想

注重知识的基础性、理论的前沿性以及方法的应用性。

1. 毫无疑问摄影构图课程是影视专业的基础课程。影视艺术与其他艺术比较，最大的特点就是以视觉艺术形象为载体传达艺术创作的想法和创作者的立意、思想感情与个性追求。如何在画面中建构基本的视觉艺术形象，如何形成基本的视觉语言，如何利用视觉形象表达主题内容，这些基础性知识的普及和传授，就成为该门课程最基本的任务。

2. 随着新技术对摄影的影响，摄影创作观念的不断更新，摄影构图学也在不断更新自己的知识体系。这就要求我们与时俱进，不断适应变化，在摄影构图课程中更新和加入新的理论与内容。例如，近些年来数字化感光材料、高清摄影、3D 摄影、延时摄影等知识内容无不对摄影创作方法和观念产生影响，我们经过论证，不断地、适时地加入了适当的知识内容，让构图的理论得以更新与发展。

3. 摄影构图理论是应用理论，它与实践有着密切的关联。摄影理论与实践结合得越紧密，越能合理而科学地建构摄影构图体系，离开实践就没有摄影构图理论可言。教学中实践的概念有二，一是实地实验拍摄，二是学生观摩大量的图片摄影、影视摄影和其他视觉艺术作品。教学过程中教师们普遍注重结合创作实例和影视作品分析来讲解理论知识，同时，也要求学生能够用理论知识来解释构图现象。这种教学方式取得了良好的效果，得到了实践的验证。

二、教学内容

(一)涵盖摄影艺术创作基本规律

摄影构图课程在中国传媒大学是一门影视专业基础课,它主要以固定画面为基础,结合影视摄影特点,研究摄影画面构成的技巧和影视摄影画面创作的基本规律。摄影构图是摄影艺术创作的核心内容,它直接影响着画面的构成形式和主题思想的表达。影视画面是空间、时间、运动、声音等元素的结合体,影视作品的叙事方式是分切拍摄、剪接连续叙述。影视摄影要求摄影师既能拍摄好单幅固定画面,又能拍摄好连续运动画面;既要注意镜头画面之间的对应与连贯,还要注意声音与画面的配合,具有编辑意识、声音意识。通过影视画面既要能够再现客观场景、事实,又能够表现创作者的主观情感;既能够完成叙事,又能够写意和抒情。

"摄影构图"可以从狭义和广义两方面理解,狭义的"摄影构图"是指摄影画面构成,广义的"摄影构图"是指摄影艺术创作。中国传媒大学摄影构图课程从广义角度讲解"摄影构图"相关知识,注重静态构图和动态构图的分述与结合,注重传统构图知识的讲授,同时吸纳新的艺术的构图模式,注重知识传授与能力、素质培养相结合,其主要教学章节如下:

第一章　摄影的本源与艺术特征

第二章　画面构成诸元素及其处理

第三章　拍摄角度

第四章　画面造型任务

第五章　线条、形状、影调

第六章　色彩

第七章　光线

第八章　运动

第九章 影视摄影构图特点

在多年的教学过程中,摄影构图课程不断更新教学内容,特别是其中涉及的图例和影视作品例证,力求与时俱进,课程常讲常新,努力突出影视摄影构图的特点,创新摄影构图内容,结合中国传媒大学各专业的培养目标和发展方向,将静态的图片摄影构图与动态的影视摄影构图结合,在发挥两者各自艺术特征的同时,对它们的构图形式、创作方法、审美异同进行对比分析,较好地调动和激发了学生的积极性,特别是两者的异同、互动、对比、结合,孕育创新出的新的思维方式、美学追求,吻合了当今知识创新融合的特点,为摄影构图这门具有悠久历史的传统课程注入了新的活力。

(二)中国传媒大学摄影构图课程的特点

1.静态为基础,动态为目标

在绝大多数开设摄影构图课程的高校中,摄影构图课程都被定义为一门图片摄影课程,然而,在中国传媒大学却并非如此。中国传媒大学主要培养影视创作人才,相关专业学生在学习摄影构图的过程中,既要很好地掌握固定画面的拍摄知识和技能,打下良好的基础,又要研究影视艺术的特性,研究影视摄影自身的创作规律。我们所讲的固定画面的构成原理,既是今后影视摄影的重要基础,又与直接的影视摄影实践存在一定的距离。如果没有固定画面创作的学习,就会缺乏必要的基本功训练;如果只能够拍好固定画面,那么在影视摄影中,很多时候就只是拍出了“精美的碎片”。

在影视摄影专业人才培养过程中,需要学习图片摄影、电视摄影和电影摄影三方面的知识。关于三者的关系,我们认为图片摄影的学习和训练是基础。一方面单幅画面对构图、用光、色彩处理、角度选择等方面的要求更加严谨,画面更加独立和完整,有利于以较高的标准进行摄影训练;另一方面,图片摄影所使用的器材相对于影视摄影器材来说比较便宜,摄影爱好者比较容易上手训练;再一方面,图片摄影比较灵便,可以个人完成,而影视摄影往往要依赖集体创作，难度较大，成本较高，个人难以独立完成。因此，还是要坚持从图片摄影进入，之后循序渐进，再到电视摄影和电影摄影。

在学习、实践过程中，我们会逐渐感受到图片摄影与影视摄影的不同之处。简而言之，它们最大的不同就是图片摄影属于“瞬间艺术”，而影视摄影则是“时空艺术”。摄影术发展到今天，图片摄影与影视摄影的分野越来越明显、越来越大，图片摄影越来越多地从现代美术的创作理念和创作方法中汲取营养，影视摄影也在自身本体特性的基础上越走越远，时间、声音、剪辑等因素在影视摄影创作中的作用越来越明显。所以，在学习了静态摄影构图知识的基础上，还需要学习电视摄影、电影摄影、影视剪辑等课程，这样，才能够获得完整、系统的影视摄影的知识。

2. 大众传播为目的

中国传媒大学摄影构图课程所讲授的摄影知识立足于信息的传达和思想感情的表达，是以大众传播为目的的，这不同于当下盛行的“私摄影”，“纯个人化表达”不是我们摄影创作的主要价值取向。在影像制造和传播技术越来越简便的今天，人人可以创作和发布自己的“摄影作品”，摄影似乎失去了普世公认的技术和艺术评判标准，这也使得某些摄影创作越来越小众化。我们的摄影教学坚持进行大众化影像传播，与公共传媒紧密结合，这是不同于其他艺术院校摄影教育的重要特征之一。

在新时代，图片摄影、影视摄影、网络视频、新媒体影像之间的界限逐渐消失，各种媒介融合发展，不断衍生出新的媒介形式和作品。因此，在摄影构图课程教学和训练中，也不再囿于传统媒介概念的藩篱，教学案例选择和作业训练方式都有明显的改变。

三、教学方式与方法

摄影构图课程的教学不仅要让学生学到摄影艺术创作的基本艺术规律，更要让学生掌握相关的摄影创作技能，培养理论精深、技艺精湛的摄影师是课程教学的重要目标。该课程的教学方法主要体现为理论讲授、观摩和实践训练。

(一)理论讲授

理论讲授部分主要讲解基本概念、创作方法及原理,涉及摄影构图元素处理、拍摄角度、画面景别、造型规律、色彩处理、摄影用光、动感表现、影视摄影构图特点等所有章节,是摄影构图课程教学的重要组成部分。

近年来,中国传媒大学大力推进教学改革,要求"精讲课程",充分利用课堂教学时间,摄影构图课程的理论教学学时大约占全部教学学时的 1/3 左右。

(二)作品观摩

作品观摩不仅仅包括图片摄影作品,还包括影视摄影作品。所观摩的作品都是和教学章节内容紧密结合的,作品能够对所讲解的理论知识点起到诠释和支撑作用。在观摩的同时,教师会对所观摩的作品做详细的分析和讲解,并和同学们展开深入的讨论,这部分大约占到课堂教学时间的 2/3。

观摩作品的选择主要从两个方面考虑,一是选择经典作品,尽管这些作品可能时代有些久远,但是,其体现的艺术创作规律或艺术价值影响至今。二是选择创新作品,即最新的摄影创作成果,能够体现摄影创作最新观念、最新方法的作品,以最新的摄影比赛、摄影展、影视大赛、影视节获奖作品为主。

中国传媒大学摄影构图课程教学过程中,作品观摩的数量是巨大的,除了课堂观摩之外,还要求学生课下进行更多的观摩。互联网时代的到来,为师生观摩中外最新作品提供了便利,这也使得课程所观摩作品的更新很快,图片摄影、影视摄影的知名新作都会被纳入其中,结合经典作品的观摩和解析,使学生全面了解摄影创作的发展脉络,掌握摄影创作的最新方法。

(三)实践训练

按照中国传媒大学“精讲课程”教学指导思想的要求,实践训练一律不得占用课堂教学时间,因此,摄影构图课程的实践训练环节全部利用学生的课余时间完成。

摄影构图课实践训练通常要求学生完成两种类型的作业:一是个人单幅画面拍摄,二是影像蒙太奇训练。

1. 个人单幅画面拍摄

主要包括人像、风光、纪实、静物等内容,要求每个同学独立完成,重在检验学生对摄影创作基本艺术规律的理解和掌握情况,训练学生运用摄影技法完成创作任务,逐步建立影像思维模式。

作业要求技术与艺术并重,制作成 PPT 提交,不仅要有很好的画面成果,还要求记录详细的拍摄技术数据,写出精炼的画面阐释、拍摄总结,做到“图文并茂、形意俱佳”。

2. 影像蒙太奇训练

“影像蒙太奇训练”原为“图片蒙太奇训练”,初衷是利用多幅图片,进行组接叙述,锻炼学生用图片叙事、表意的能力。学生能够使用的表现手段主要是图片和文字,可以在有限的人员、设备投入条件下,练习“图片故事”的拍摄和编辑,为活动影像的摄制打下基础。这种训练方式在电视系已有 20 多年历史。

随着社会的快速发展,现在的学生入学后大多拥有了能够拍摄静态影像、动态影像的摄影器材,并且拥有了非线性后期编辑的设备。影视业 20 年来繁荣昌盛的社会影响,使得新一代的年轻学子具有超出传统学生的影像素质和影像创作追求。媒介融合的大势所趋,网络传播平台的虚位以待,使得现在的学生不仅希望拍摄图片,还希望用所有能够运用的手段完成自己的影像创作。

因此,“图片蒙太奇训练”逐渐演变成“影像蒙太奇训练”,学生不仅可以用图片、文字,还可以用视频、音乐、解说、对白、音效、特技等各种手段进行自己的创作。题材不仅可以纪实,还可以创意。形式可以是纪录片、专题片,也可以是微电影、MV、融媒体作品。由于近些年摄影构图课主要采用逾百人上大课的形式,所以此项训练也由当年的“个人作品”变成了“小组作品”。

“影像蒙太奇训练”作品的提交方式也做了改革。原来是由课代表收集再上交任课教师,现在要求学生在规定时间之前上传优酷网站,再邮件通知任课教师链接地址,任课教师在线或下载评阅。

这种方式有多方面好处:

(1)保证了作业的按时提交

视频网站会记录和显示作业的上传时间,未能按时提交,任课教师会酌情扣减成绩。第三方平台的使用,减轻了教师和课代表收集超百人作业的一些不必要的负担。

(2)保证了作业格式的统一

优酷网站对于上传的作品有统一的转制方法,可以保证上传作品的影像质量,同时使其格式统一。避免了学生作品格式混杂,不易播放的问题。

(3)便于作业的保存

影像作品文件量一般都比较大,一个作品动辄几个G,甚至几十个G,原来由学生拷贝提交给任课教师,教师留存这些作品需要占用很大的存储空间。经过优酷网站的技术审核,绝大多数视频采用超清方式下载后所占用的空间大大减少,同时也不影响和降低作品的影像质量。

(4)为作业的评价提供了参考

通常学生作业只有教师能够看到,教师对作品的评价也比较个人化,学生作品基本上谈不上广泛传播,几乎成了师生之间的“内部游戏”。现在,作品上传优酷后,可以接受广大网友的检验,其点击率、好评度等网络评价指数,也可以作为教师评价的重要参考。由于不再是“内部资料”而成为“公开发行”,学生对于作业的重视、认真程度也有极大提高。

四、教学资源建设

(一)教材

摄影构图课程在中国传媒大学有50年的历史,不同时期由多位名师大家主讲。朱羽君教授曾长期担任这门课程的主讲教师,由新华社调入学院的张一心老师也为多届学生讲授该门课程。1978年9月,在朱羽君教授的培养指导下,李兴国老师留校后开始主讲摄影构图课程,并编写了《摄影构图》讲义,在原讲义和不断的教学积累、教学实践基础上,1987年正式出版了教材《摄影构图基础》,10年后的1998年出版了《摄影构图艺术》教材。李兴国老师1998年出版的教材《摄影构图艺术》被确定为"国家规划重点教材",曾获"2002年北京广播学院优秀教材二等奖"。该书于1999—2007年进行了修订并六次再版。该教材具有学理性、实践性,图文并茂、例证丰富,结合130多幅图例进行实例解剖分析,具备了理论性、实践性、实效性特色,问世10年,得到在校学生、老师、其他大学教授一致好评,在影视学界享有良好声誉。

1997年,郭艳民硕士毕业留校任教,主讲摄影构图。2002年5月,由其主编的《摄影构图》教材由北京广播学院出版社出版,当时,该教材主要作为北京广播学院成人教育教学用书。2010年5月,郭艳民主编的《摄影构图》(高职高专教材)由高等教育出版社出版。2011年3月,《摄影构图(第2版)》由中国传媒大学出版社出版,该教材主要面向本科生,在理论知识和实践案例等方面都做了补充和修订。2013年3月,《摄影构图》(实训教材)由高等教育出版社出版。2015年2月,《摄影构图(第3版)》由中国传媒大学出版社出版。中国传媒大学出版社还将《摄影构图》教材做成电子书,采用新的互联网发行模式进行传播。

经过多年的建设,《摄影构图》教材已经比较完善,既有理论型教材,也有实训教材；既覆盖各种学历层次，又各有侧重，充分考虑不同教学层次的特点和需求。

郭艳民主持编写的教材也受到了专家及广大读者的好评。2011年，《摄影构图》高职高专教材获得教育部高等学校高职高专广播影视类专业指导委员会第二届广播影视类百部篇工程评选“优秀教材”一等奖。2011年，《摄影构图(第2版)》获得中国大学出版社第二届优秀教材奖二等奖。2013年，《摄影构图(第2版)》被北京市教委评为“北京高等教育精品教材”。2014年，《摄影构图(第3版)》被列入中国传媒大学“十二五系列教材”建设项目。

除了主讲教师编写的教材，摄影构图课程还有一些辅助教材，《纽约摄影学院教材》《影视摄影构图学》《艺术与视知觉》等多本教材和专著都位列其中。

(二)课件

摄影构图课程注重使用现代化教学手段来辅助教学。本课程是中国传媒大学校内最早使用多媒体课件进行教学的课程之一。经过十多年的不断打磨、调整和补充，摄影构图课教学课件已经比较完备，共有1000多屏PPT，图例800余幅，片例剪辑60余段。在《摄影构图(第2版)》《摄影构图(第3版)》教材的发行中，本课程教学课件光盘都附在教材后赠送。

(三)网络教学资源建设

1.精品课程网络资源

2008年，郭艳民主讲的摄影构图课被评为中国传媒大学校级精品课程。按照精品课程的建设要求，完成了该课程的网页建设，内容包括课程介绍、教学大纲、教学日历、课程教案、教学课件、参考教材等。

2009年，由李兴国担任负责人、郭艳民担任主讲人的摄影构图课程被评为北京市精品课程，作为必要资源，在原有校级精品课程网络教学资源的基础上，对网页内容进行了升级、改造、充实，增加了师资队伍、师生作品、师生互动等子栏目。

2. 远程教育网络教学资源

2000年，北京广播学院开始建设远程教育网络教学资源，摄影构图课程成为最早的被纳入其中的10门课程之一。为了突出当时北京广播学院的培养目标，该网络课程定名为“电视摄影构图”。2008年，该网络课程被评为“国家级网络精品课程”，并获得教育部10万元建设资金支持，随后主讲教师对其进行了重新制作，增补、修订教学内容，改进、升级技术支持手段。十几年来，参加该网络课程学习的学生人数超过7000人，在电视摄影教育方面发挥了重要作用。

2012年，中国传媒大学教务处、远程与继续教育中心联合推进教学改革，尝试共享网络课程教学资源，从全校80多门网络课程中遴选5门优质课程，面向在校本科生开设网络公选课，电视摄影构图课程有幸成为其中之一。

五、未来课程建设任务

随着时代的快速发展，人们获取知识的途径和方法发生了巨大的变化，对于课程教学而言，某些方面甚至是颠覆性的，这就要求我们不断适应新形势的需要，对自己的教学内容、教学理念、教学方法做出与时俱进的改变。

在未来的摄影构图课程课堂教学中，我们将进一步探索互动教学方法，结合互动教室的建设，逐步实现以下目标。

1. 以学生为主体，以教师为主导，以教学为中心

改变延续了千年的“教师主讲，学生主听”的教学方式，反转课堂，让学生成为课堂教学的主要发言人，教师更多地发挥教学设计、教学组织、教学指导、教学监督的作用。一些识记性知识点（概念、原理等）的讲解不再作为教师课堂教学的主要内容，由学生通过预习和自学完成。

2."创作训练+展示+讨论"为基本模式

探索互动教室建设,将摄影训练室、教室融合,课堂教学以实习实训、展示讨论方式为主。这不仅需要大量硬件的投入,更需要学校、教师、学生各个方面在教、学理念方面有突破和超越常规的创新。

3. 师生互动,学生互动,人机互动

在未来的互动教学过程中,不仅要实现教师和学生个体之间的随机互动,还要实现学生之间的互动,实现师生之间、学生之间的思维碰撞和灵感激发。

除了人与人之间的互动之外,人机互动的地位和作用在下一步的教学过程中会显得更加突出。通过网络的连接,师生可以从电脑中随时获得所需的知识信息,学生的摄影训练成果也可以随时在更广泛的平台上传播。

综上所述,摄影构图课程多年来继承传统,不断改革发展,取得了一些成效。当然,随着时代的发展、知识的更新、学生的变化,该课程的教学改革永不会止步。新的问题会不断出现,需要我们用自己的学识、智慧和经验不断提出新的方法来解决。在原有的基础上继续努力,精益求精,是摄影构图课程教学永远的目标和永恒的任务。

〔郭艳民,博士,教授,硕士生导师。现任中国传媒大学新闻传播学部电视学院电视系摄影教研室主任。主讲的电视摄影构图课程被评为国家级网络精品课程,主讲的摄影构图课程先后被评为中国传媒大学校级精品课程、北京市精品课程。〕

基于 PSD 的新闻传播类工作室课程教学模式探索

◎ 罗自文 秦 汉

摘 要:本文以“纪录片工作室”课程为例,通过七个环节的设计,阐述了基于 PSD 的新闻传播类工作室课程的教学模式,以期通过校媒融合实现师资和教学内容的融合,进而实现人才需求和人才培养的直接对接,大大提升新闻传播类人才培养的社会效益。

关键词:PSD;工作室课程;教学模式

新闻传播学是一门术学并重的学科。在欧美,新闻传播学与医学、法学一道,是三个重要的职业性学科。进行有效的专业实践教学,不仅有助于学生对于新闻传播理论的理解和掌握,而且有助于毕业生胜任对应行业的相关岗位。国内新闻传播院系采取的实践教学模式主要有课程实验和专业实习两种类型。其中课程实验存在两个比较严重的问题:第一,局限于对相关理论或操作流程的验证,与真正的传媒业务有较大的距离;第二,课程实验培养的专业技能往往是零散的、线性的,与媒体要求的全面的、非线性的专业技能有较大的错位。

为实现“零距离”就业,一些新闻传播院系开始尝试工作坊或者工作室教学模式。在这些院系中,开设工作室或者工作坊的形式不尽相同,但是绝大部分只是借鉴欧美类似工作坊或者工作室的形式,其实质还是一种高阶业务课程,无论在项目的获取、教学内容的安排、教学团队的搭建上,还是在教学管理、教学评估上都与欧美有较大的差距。如何在中国当下的新闻传播教育环境下，打造既有中国特色又有实际效果的工作室课程，正是本文试图回答的问题。

一、PSD 的内涵和中青工作室课程的建设实践

"PSD"中"P"指 Project（项目），即要求学生每个教学模块、每个学习情境都要选择一个项目，制作一个项目，讨论评价一个项目，项目可以为媒体项目、教师原创项目、校企合作项目；"S"指 Student（学生），要求以学生为主体，参与工作室课程的学生 100% 参与项目，参与工作室课程的学生 100% 有项目成果；"D"指 Discussion（讨论与交流），以小组为单位，通过讨论完成项目制作任务，学生在讨论中提高分析问题、解决问题的能力和团队合作的能力。① PSD 推进式项目教学模式特别适用于工作室课程，学生在每个学习情境中，分层次实现基本能力、职业能力与拓展能力的培养。基于 PSD 的新闻传播类工作室课程，就是要利用 PSD 的理念将模拟导向的工作室课程改造为产业导向的工作室课程，其主要目标如下：多方打造课程作品传播平台，建立与实习实践基地互动融合的工作室教学模式，使工作室课程真正回归作坊式教学的本真状态。

中国青年政治学院新闻传播学院一直非常重视学生的实践技能的锻炼和培养。首先，引进了一批有传媒实务经验的优秀教师，开设了足够数量的实务类课程，不仅完全覆盖了新闻学的采写编评和广播电视新闻学的采摄编播等核心业务，而且还开设了数字媒体基础、新媒体业务、公关、广告、媒介经营和管理等业务类课程。其次，充分利用第二课堂，以校园媒体和学生专业社团为依托，大力开展专业实践创作活动，培养学生的动手能力，营造专业氛围，建立学生的专业认同感。最后，从 2009 年开始在大三学年开设电

① 孙珊珊：《基于"PSD"和工作室的双环式项目化实训教学改革》，《湖南大众传媒职业技术学院学报》2011 年第 5 期。

视新闻工作室、报纸编辑工作室、纪录片工作室、品牌公关工作室、播音主持工作室、法治报道工作室等系列工作室课程，尝试建立产、学、研一体化，一方面对学生的综合业务能力进行整合培养，另一方面也尝试缩短学校与传媒业和社会之间的距离。

基于 PSD 的新闻传播工作室课程实际上是一个完整的实践教学过程，该过程以合理的教育理念以及适当的教学目标为统领，贯穿于教育实施的各个方面，进而作为受教育者以及企业、社会等进行逆向评估的依据，教学责任人则根据逆向评估的结果重新指导教育理念及教学目标的设定，具体如图 1：

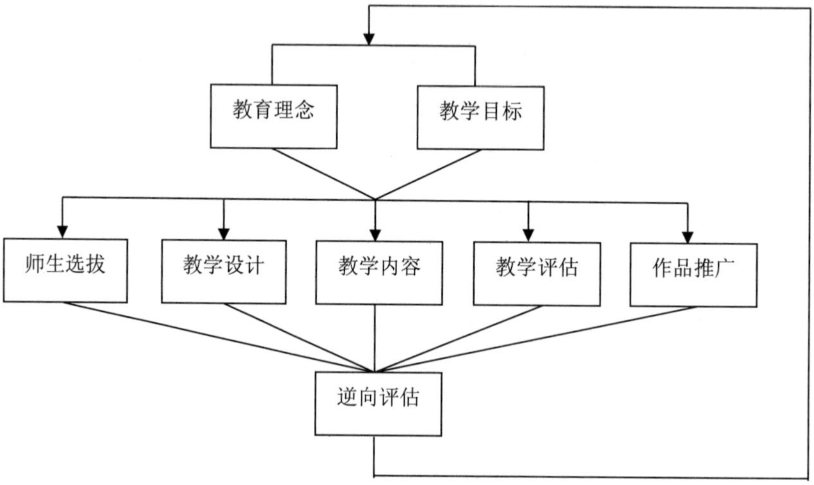

图 1

二、基于 PSD 的工作室教学模式探索

以 PSD 理念引领的工作室教学模式是新闻实践类课程将实践教学过程的基本属性与自身特性有机结合的尝试，下面以中国青年政治学院新闻传播学院已开设的纪录片工作室课程为例，详细阐述 PSD 理念如何指导新闻传播类工作室课程，以推动学科建设，促进教学效果的最优化。

1. 工作室课程教学目标

英国的斯皮里乔尔(Splichal)和斯帕克斯(Sparks)教授提出21世纪的传播人才应该具备四方面的素养和三种才能:广博的知识、客观的视角、批判的态度、准确的判断;清晰准确的写作才能、传播才能以及创造才能。美国新闻教育的目标和国家总的教育目标是一致的,主要有四个方面:传播文化知识;培养学生的理解力;培养学生从业能力;通过教育重塑社会价值。① 通过比较英美两个新闻教育较为发达的国家的培养目标,可以看出,能力与思维的培养是蕴含在其中的两大主题。中国新闻教育的发展源于美国,改革开放后仍受以美国为代表的西方国家的深刻影响。在教育国际化日益明显的当下,我国新闻传播教育需要结合我国的具体情况,把能力与思维的培养摆在突出位置。

新闻传播实践类课程作为新闻传播教育的重要组成部分,理应在教学中落实这两大主题。以纪录片工作室课程为例,该课程着重培养学生对于纪录片题材的理解能力、发现素材的观察能力、实地拍摄及后期编辑处理的动手操作能力以及团队沟通配合的协作能力;通过一系列的训练,帮助学生树立人无我有、人有我优、人优我精的创新思维,帮助学生认同专业主义,树立职业人的身份感、良好的社会责任感。此外,鉴于我国的具体实际,还要注重培养学生的政治和思想素养。

2. 工作室课程的师资配备与学生选拔

虽然在PSD理念下,教师不再是课堂教学的主体,但是其对学生的辅导、指引影响着教学成果质量的高低。因此,配备优质的师资队伍对于工作室课程的教学十分关键。

一支优秀的队伍需要一名出色的有号召力的旗手来带领,因此工作室课程教师团队需要院系领导兼任总负责人,按照工作室项目的内容来划分,每个项目组由一名常务责任人负责具体工作。责任人需要具备本工作室内

① 陈昌凤:《中美新闻教育传承与流变》,中国广播电视出版社2006年版,第206-208页。

容的专业背景，并且在业界有从事过与此内容相关的工作经历，同时也有相关的理论和实践成果；教学团队的其他教师也需要具有相关专业背景和业界工作经历。此外，为了进一步强化教学效果，应该尝试让任课教师在学生入校时就担任其所在班级的班主任或导师，通过朝夕相处、相互了解、沟通感情，彼此之间建立亲密的关系，为工作室课程的良好配合奠定基础。总之，对于教师的选拔与聘任应该遵循“重能力、轻学位；讲经验、弃空谈”的原则，教师也要按照“5C”标准努力，即 Caring（关怀的）、Cheerful（愉悦的）、Charming（有吸引力的）、Confident（自信的）、Creative（有创造力的），切实做到回归教学，回归能力，回归成效。

在工作室课程中，教师处于服务的地位。为了更加全面地为学生服务，助其成长，工作室课程应该采取如同研究生导师的“双师制”模式。“双师”中的其中一方是本院系的任课教师，而另一方则是来自业界的记者、编辑或是专家等，在数量上不局限于一名，而是允许更多的媒体从业人员走进课堂，为学生带来更多新的动态，给予学生最前沿的指导，让学生在博采众长中提升自己，而不是在学校内闭门造车。

教师是保障，学生是主体，这是工作室课程的关键所在。目前，个别工作室课程由于选课门槛不好控制，一方面给教师教学带来了困难，另一方面也影响了工作室课程的整体教学效果。因此，合理的学生选拔标准也是必不可少的。

首先，应该尊重学生的兴趣，允许自由选择工作室，这是最基础的也是最重要的。如果让一位喜欢播音主持的学生加入纪录片工作室，肯定收效甚微。其次，要把握好工作室规模，原则上尽量控制在 20 人以内，以保证每名学生有足够的训练时间以及教师单独指导的机会。再次，任课教师和业界指导教师组成联合评议组。评议组对报名学生进行面试，主要考察他们的动手能力以及学习此工作室课程的潜力。通过“双师”的直接遴选，有利于加速师生之间在工作室的整体磨合。最后，要协调好男女生比例和性格差异。合理的男女生比例和性格、能力互补是分组的主要依据，因为一个团结高效的工作组依赖于男女生之间的通力配合，它需要有舍我其谁的带头人，也需要有开朗活泼的协调者和心细如尘的支持者，这一切都需要班主任或指导老师在平时教学中细致入微的观察。

3. 工作室教学的软硬件设计

实现 PSD 工作室教学的基础就在于"P"与"D"，这两翼决定作为核心"S"最后能力的形成效果，因此这两翼的硬件建设是整个工作室课程基础的基础。

"P"指的是项目，而完成项目则需要现代化的硬件环境。以纪录片工作室课程为例，要围绕纪录片制作这一主题，建设一个与当今主流媒体水平相当的工作室，其中包括演播室、摄像设备、编辑合成及播放设备等，并且尽量拥有足够大的空间和足够多的设备，以满足 20 人同时学习、实践，竭力为学生营造一个与在业界工作基本一致的环境，实现无缝对接。

"D"指的是讨论与交流，它是 PSD 理念的主要实现载体。如何实现这一载体，需要从两方面着手，其中一方面就是讨论室的建设。讨论室也应该拥有足够大的空间，设有个人学习区、小组讨论区、集体会谈区，以符合不同形式讨论学习的要求。此外，讨论室应紧挨项目工作室，方便讨论后及时去工作室演练，以及在演练后回到讨论室就出现的问题进行商讨，最大限度地节约时间，为师生提供便利。

完善的软件可以为硬件注入活力，使其效能能够得到发挥。从工作室课程教学的角度来讲，形式多样的"D"（讨论与交流）是十分重要的"软件"。富有成就的讨论首先来源于按照学生选拔的相关标准进行合理的分组。每组 4－5 人，要保持小组的长期性与稳定性，使得小组成员之间能够培养默契。同时，小组成员在完成每一个项目的过程中要明确角色分工，明晰职责，但分工不能固定，要随着项目的转换而变换分工，努力打造多面手，避免"一招鲜"式的培养。

课堂讨论的形式主要有三种，即小组内讨论、小组间讨论与集体会商。小组内讨论要求小组所有成员围绕相关议题畅所欲言，通过彼此之间思想的碰撞与协调,形成小组观点或提议。小组间讨论则侧重于各小组依次汇报各自成果,汇报完毕后,各小组再就其他小组观点或提议进行讨论,讨论过后再同其他组展开辩论或者提出一些可行性建议。集体会商实质上就是整个工作室课程的大讨论。在需要完成一项庞大而艰巨的任务时,要求所有学生融合在一起,群策群力,共同实现预定目标。不论哪种形式的讨论,都存在着共同的优点,那就是学生在同别人讨论和听别人发言后能够很清晰直观地发现他人的优势与自身的不足,可以反过来指导、优化自己的思想。除此之外,无论何种形式的讨论,都要贯彻"记录要点、提供依据、反思自身、经验积累"的十六字方针,要求每个小组认真做好会议记录,组员认真做好过程反思。"记录要点、提供依据"主要是因为讨论内容较为庞杂,如果不及时记录梳理,就无法精确提炼小组的思想,也就无法指导后期的实战演练。"反思自身、经验积累"主要要求个人多回顾,及时改正自己的不足,巩固所取得的进步。反思的内容主要涉及从整个讨论及实战中学到了什么,如何去学,自己哪些优势得以展示,哪些不足需要提高,与团队中其他组员的合作情况以及应该如何在团队中工作,等等。

4. 纪录片工作室的课程教学内容

课程内容是教学活动的核心,它直接决定着学生的学习收获。课程内容不仅要符合学科发展的规律,有助于学生思维与能力的培养,而且还要难度适宜,安排得当,在循序渐进中不断启发学生,激发他们学习的热情。此外,任课教师应规划好一份思路清晰的教学日历,并严格执行。以纪录片工作室课程为例,该课程设计学时为 64 学时,计 4 学分,上课周次为 16 周,每次课的时间分配大致为讲授 20 分钟,小组讨论及点评 25 分钟,组间讨论及点评 45 分钟,项目工作室实践时间为 90 分钟,教师可根据教学内容灵活掌握。

表 1　纪录片工作室课程教学日历

周次	教师讲授	工作室讨论	项目工作室实践
1	纪录片概况简介、优秀纪录片赏析、完成分组	纪录片评析	认知参观
2	摄像机原理及拍摄技巧	以组为单位就座，讨论教师布置的同一训练科目	人人参与拍摄，人人掌握拍摄技巧
3	剪辑技巧、配音、配背景音乐、字幕、分镜头脚本	讨论上周拍摄素材以及如何剪辑	人人参与剪辑，人人掌握剪辑技巧
4	基本技能梳理	讨论作业、分析不足、各组互相指点	根据讨论意见整理修改
5	纪录片选题策划	小组讨论思路，酝酿方案	前期准备
6	初稿汇报、分析讲评、组内就问题再讨论		根据讨论意见整理修改
7	选题展示鉴赏、小组反思、组间点评、教师分析		
8	业界指导教师布置项目并讲解重点难点	小组讨论、提出设计方案；方案经业界指导教师通过后再进入前期准备	
9 10	汇报拍摄及剪辑进度、小组讨论商量问题解决方案、各组互相帮忙解决各自困难、教师辅助指导		
11	选题展示鉴赏、小组反思、组间点评、业界指导教师分析		
12	由业界指导教师布置话题，各组围绕话题自定选题，讲述重点难点，尤其是各组存在的问题，以及制定怎样才能在媒体展播的评价标准	每组配备一名业界指导教师组成大团队来共同完成任务，通过讨论酝酿方案设计	视进度快慢进行前期准备
13	汇报选题，论证可操作性并点评	组间点评、敲定设计方案	前期准备并进入拍摄
14 15	小组讨论会、组间分析会就初稿、二稿等进行分析点评，不断修改		
16	提交成品	专家点评，并与专业作品进行横向比较；各组和各位同学分享经验，谈论感受	

随着技术的飞速发展，新媒体会很快变成旧媒体。但是，新闻学的基本价值观、批评精神、新闻采访报道技能与知识却永远不会过时。[①] 上述教学

① 李希光：《新闻教育未来之路》，清华大学出版社 2010 年版，第 131 页。

日历安排的核心在于讨论，其目的就在于让学生通过讨论不断地辨析，不断地获得启迪，不断地爆发出永葆青春的思想观点。相对而言，实践环节的比例较小，这既与技术的快速更新性有关，教学没有必要在此花费更多精力；也与环境条件限制有关系，后期更多的拍摄过程还是需要学生走出校园，深入社会。

5. 工作室课程评估体系

作为一门典型的实务课程，如果依旧采取传统业务课的考核方式，就无法最大限度地调动学生参与创作的主动性、积极性和创造性。作为以 PSD 理念为指导的工作室课程，它的评估体系也应与此理念保持一致，即分为三大板块。

表 2

理念	内容	权重	占总分比重
P	同一科目训练	10%	30%（与业界指导教师共同评阅）
	教师命题纪录片拍摄	20%	
	业界指导教师主题纪录片拍摄	30%	
	业界指导教师话题纪录片拍摄	40%	
S	课堂出勤	20%	20%（任课教师评阅）
	机器使用与保护	20%	
	态度（认真学习、课堂讨论，注重参与过程的趋势变化）	60%	
D	个人讨论表现（小组自评 + 教师评价）	20%	50%（任课教师评阅）
	个人学习反思	20%	
	小组讨论表现（组间互评 + 教师评价）	30%	
	小组会议记录	30%	

此表也再一次反映了工作室课程注重团队讨论交流，注重学生主动学习的基本理念。通过细化的分项考核来全面考查学生学习，重思维能力，轻死记硬背，有助于教师从全新的视角来认知学生，同样也有利于学生经过学习后彻底地认识自我。

论及认识自我，我们目前绝大多数课程都是只重视考试，学生只关心是否及格，而通过考试所反映出来的问题却无人问津，学生负荷着诸多疑问进入下一年级直至毕业。工作室课程要建立完善的“Feedback（反馈）”机制，教师要帮助学生做到考后100分，要让他们对所存在的问题有清楚的认知并努力解决。首先教师要为每一位学生填写Feedback表，具体见附表1。其次，以小组为单位召开Feedback会议，教师就表格体现出的小组整体表现以及每个人的具体情况再进行逐一分析，对存在的问题进行梳理指正，并鼓励他们提出质疑，学生就自己的问题也可以同老师交流。总之，Feedback机制就是要让学生对这门课有一个完整的宏观认识，做到善始善终；同时，能认清问题，改进方法，明确努力方向，使他们能在其他科目的学习中事半功倍。

6. 工作室课程的作品推广

新闻传播类课程的作品就如同博物馆里展出的艺术品，需要通过人们的观赏、鉴定、评价来进一步彰显其价值，如果作品只是存放在工作室等待被专家点评，其负面影响不亚于闭门造车。事实上，新闻传播类课程作品的价值就在于获得广大受众的欣赏与认可，唤起受众的思考与共鸣，这也是对作者的褒奖。因此，为了激发学生的创作热情，体现他们的工作价值，实现他们的专业理想以及检验作品的传播效果，工作室课程必须建立完备的学生作品推广系统。

作品推广的思路是立足校园媒体并以此推动校园媒体社会化，依托业界资源努力拓宽作品展播渠道。工作室课程的启动要以与校园媒体的共建为基础，以此来保证学生作品展示渠道的畅通。目前，中国青年政治学院校园报纸和杂志种类繁多、覆盖面广，广播电视台建设如火如荼。学校可以以广播电视台建设为龙头，以播音主持工作室、电视新闻工作室和纪录片工作室为资源支撑，以食堂、宿舍楼、办公楼和图书馆的电视机以及移动互联网为依托，大力推进校园视频文化建设，这既为上述三个工作室的作品提供了展示平台，也可以使学校的整体传播网络更加完善与平衡。此外，还可以将学生的优秀作品导入数字中青的网络点播平台和微信公众号，进一步拓宽校园覆盖率，扩大在校园的影响力。

立足校园媒体之后，作品推广的视野应逐步扩大，工作室工作要进一步延展。师生一起组成工作团队可尝试打造具有一定规模与一定影响力的社会化媒体来提升学生作品展示的空间，例如数字中青的网络点播平台。工作团队可以以学校附近社区为试点，先进行市场调研，分析受众特点，然后提供优秀纪录片作品并通过问卷的形式来获得他们对于作品的评价。经过长时间的宣传、推广，待逐步树立起工作室的品牌后，可通过市场化运作的方式来经营，并视发展趋势扩大覆盖范围。一旦实施市场化运作模式，就是对教师教学与学生学习成果的更高层次的肯定。而它能否成功的关键就在于学生作品的质量，只有高质量的作品才能吸引受众，受众才有可能点播，由此形成一个良性循环，进一步鞭策教师努力完成 PSD 工作室教学，学生更有激情地参与工作室讨论，敬业负责地完成每一份作品。

推动社会化媒体建设的目的就在于给予学生作品社会增值的机会，获得一种社会评价的途径，从而让他们摆脱自我满足、自我陶醉的工作状态。鉴于此，加强与专业媒体的合作从而拓宽学生作品的推广途径是十分必要的。工作室的工作重点不仅在于邀请业界指导教师来参与点评，更重要的是要积极地与专业媒体开展合作，例如最高检影视中心法治中国传媒、中央电视台纪录频道、北京电视台科教频道和纪实高清频道，等等，为学生成果的推广建构一个更加广阔的平台。根据 S—R 模式，[①]专业媒体的强大实力和巨大影响力会对学生产生强烈的刺激，使他们更加珍惜来之不易的机会，努力创作优秀作品，而专业媒体播出优秀作品会提高其收视率，从而形成双赢。2014 年 10 月起，法治报道工作室的课程作品开始在法治中国传媒全国 50 个联盟电视台播出，产生了巨大的社会效益。此项工作虽然不是播出一次课程作品就能完成的，但是校媒联动作为工作室课程的发展方向不容回避。

总之，播出不是目的，而是手段。作品播出后，工作室可以邀请广大师生

---

① 其中，S 表示各种各样媒介内容的使用，R 表示媒介使用的结果（过程），S—R 模式是媒介效果研究的直观模式。

以及其他观众开展线下讨论,听取他们的意见反馈,在了解了他们的想法之后,再有针对性地进行调整、改进,提高作品质量,这才是播出的真正意义所在。

7. 工作室课程的逆向评估

从课程讲授、知识传播的角度分析,经历了前面六个阶段的纪录片工作室课程教学可以告一段落。但是这种单向性教学的效果如何却无法衡量,因此,在 PSD 理念指导下的工作室课程,还要继续遵循以学生为主体的思路,通过学生的逆向评价来检验教学效果并指导今后的教学实践。

目前比较流行的新闻与大众传播教育教学评价模式是美国新闻与传播教育认证委员会(ACEJMC)提出的,共设有九项标准,而我国的教学评价模式则是 2006 年教育部开始实施的普通高等学校本科教学工作水平评估。这两种评价模式的共同点是评估范围过于宽泛、宏观,没有完全从学生角度去评价专业或是某门课程的效果。为了扭转这种局面,贯彻 PSD 理念,促进工作室课程建设,更为了学生在思维与能力方面的成长,制订合理规范的逆向评估体系十分必要。

逆向评估的实质相当于教学评估中的 Feedback 机制,由总负责人具体承担这项工作。首先还是要布置学生填写 Reverse Feedback(逆向评估)表格,具体见附表 2。然后,总负责人就表格反馈情况逐一找学生座谈,就任课教师评价、业界指导教师评价和自我评价三部分内容进行细致的了解,尤其是对于学生提出的问题和改进意见要给予高度重视。最后,总负责人就座谈情况进行汇总,召开任课教师和业界指导教师联席会议,双方就各自了解的反馈情况进行广泛深入交流,讲成绩、指不足、明差距、促改进,并研究部署下一学期纪录片工作室课程的教学改革。

逆向评估使得教学过程形成了一个完整的循环系统,各系统间环环相扣,谨慎严密,相互补充。而且逆向评估对于教学就是一个经验积累的过程,它有利于引导课程不断改进,不断完善,实现可持续发展。

结　语

经过七个环节的规划分析,PSD 理念引领的工作室教学具有较强的可操作性。在实施中,总负责人和责任人要担负起责任,任课教师和业界指导教师要爱岗敬业,相关部门要给予足够的支持与保障,各司其职,同心协力,在实践中解决问题,在实践中促进学科建设,努力提高学生的思维与能力,打造既有中国特色又有实际效果的 PSD 工作室课程。

在当今媒介融合时代,新闻传播教育迎来了前所未有的机遇和挑战。一方面,泛媒体平台的广泛兴起和信息服务的全方位介入,使得社会对新闻传播人才特别是泛信息服务人才的需求大幅度增长,新闻传播教育获得发展的新契机;另一方面,传播技术的迭代速度加快,媒介融合的广度和深度不断发展,使得新闻传播教育在专业技能培养方面面临更多的困难。基于产学研一体化教育思想,实现校媒融合人才培养模式是应对上述困难与挑战的一个重要有效手段。校媒融合不仅能够实现师资和教学内容的融合,更为重要的是能够实现人才需求和人才培养的直接对接,大大提升人才培养的社会效益。

近几年来,中国青年政治学院新闻传播学院通过开办系列工作室课程的方式,尝试将传统教学上分散的业务能力整合起来,应该说是专业教学改革的成功探索。为了提升工作室课程的教学效果,先后与法制中国传媒、人民网舆情监测室、中国搜索等多家媒体建立战略合作关系,通过校媒合作,联合进行人才培养,取得了一些初步成效。

当然,新闻传播教育改革是一篇大文章,中国青年政治学院新闻传播学院上述的改革探索还刚刚开始,期待有更多的新闻传播院系能够参与基于 PSD 的工作室课程建设和校媒融合人才培养模式改革,共同探索出一条应对机遇和挑战的新闻传播人才培养之路,为中国的媒体转型与新闻传播人才培养提供理论和实践支撑。

附表1:Feedback表

课程名称	纪录片工作室
任课教师	
学生姓名	
学生学号	
个人成绩	

各分项评价:

✓✓=优　✓=良　－　=中　X=差

	Feedback	评价准则
作品内容及结构		你的作品有足够的亮点来吸引观众
		你的作品向观众传递了主要内容并且使他们容易接受
		你的作品各个板块衔接顺畅
		你的作品灵活运用了各种拍摄技巧
		你的作品主题连贯且吸引了目标受众
作品语言		你的作品语言丰富且通俗易懂
		你的作品有很少的语病
个人表现		你在团队的角色扮演中发挥了应有的作用
		你与团队的合作成功顺畅
		你的出勤情况良好、学习态度认真、机器使用得当
团队合作		你们团队通力合作,会议记录清晰并有条理;能给予其他组建设性意见

亮点:

改进意见:

业界指导教师意见:

其他组反馈意见：

时间：

个人反馈：

附表2:Reverse Feedback表

课程名称	纪录片工作室
任课教师	
业界指导教师	
学生姓名	
学生学号	

各分项评价:

✓✓=优　✓=良　-=中　X=差

	Feedback	评价准则
任课教师评价		他每次上课都饱含热情,尽心尽责,足以吸引你
		他能严格执行教学日历的安排
		他的授课对你思维与能力的提高发挥了巨大作用
		他贯彻了PSD思想,你们是课堂的主角
		他对你们的教学评价公平合宜
业界指导教师评价		他的指导认真耐心,对你有启发
		他的作业布置符合业界需求
		他的授课对你思维与能力的提高发挥了巨大作用
		他贯彻了PSD思想,你们是课堂的主角
自我评价		这门课你收获很大,为以后就业奠定了基础
		PSD理念具有很好的操作性
		学校教师与业界指导教师相结合教学十分必要

教学亮点:

任课教师教学改进意见:

业界指导教师改进意见：

时间：

个人反馈：

〔罗自文，中国青年政治学院新闻传播学院执行院长，传播学博士，社会学博士后，教授，硕士生导师。兼任中国传播学大会常务理事，中国中央电视台节目评审专家。主要研究方向：新媒体、影视传播和新闻教育。秦汉，中国人民大学新闻学院2013级博士生。〕

传播学专业意识的培养和强化

——“传播学是什么”实训教学实录

◎闻　学

摘　要:文章以北京交通大学传播学专业新生研讨课“传播学是什么”为教学案例,全面实施新生研讨课的教学改革。研讨课从教学环节到教学方法全面革新,采取理论研究与案例讨论、课上座谈与课下实践的无缝对接教学模式,探讨传播学专业新生研讨课如何为新生解惑释疑并提供方法论的指导。总结新生研讨课的得失,以加强和激发传播学专业新生的专业认知和专业学习动力。

关键词:传播学;传播学专业;教学模式;新生研讨课

创新建设研究型大学的人才培养体系是当前大学教学改革与发展的主要目标。研究型大学的教学强调以探索和研究为基础,在教育理念方面,注重在探索和研究的教学过程中激发学生的求知欲、好奇心和学习兴趣,培养学生的创新意识与创新能力;在教学方式方面,强调师生互动,突出教学和训练方法的科学研究特色,注重培养学生的批判和探索精神。开设新生研讨课,是许多大学在一年级教学中探索研究型教学的一种尝试,国外很多高校具有多年开设新生研讨课的历史和经验。开设新生研讨课的主要目的是建立一种教授与新生沟通的新型渠道,提供师生之间交流互动的机会。通过新生研讨课,使新生在大学一年级这个特殊而重要的人生转折期,能够有机会亲耳聆听教授的治学之道,亲身感受他们的师者风范和人生经验;创造一个新生在合作环境下进行探究式学习的机会。新生研讨课,旨在启发新生探求未知世界的兴趣,初步培养他们提出问题、解决问题的研究能力,为建立基于教师指导下的研究探索式的学习方式奠定基础;建立一种以探索和研究为基础、师生互动、以研究讨论为主的教学方式。新生研讨课按照教师精心选择的独特专题,认真组织小组讨论,学生积极主动地全员参与。多种教学形式的革新,推动传统的以知识传授为主的教学方式向研究型实践性教学方式转变。北京交通大学传播学专业新生研讨课"传播学是什么"正是在以上背景下开设的,迄今已经两年有余,可以说经验与教训并存,全方面总结该课程的得失,正是为了以后进一步地改进和提升该课程的教学模式和教学效果,更好地增进和激发传播学专业新生的专业认知和学习动力。

一、要我学 vs 我要学? 学什么 & 怎样学?

"传播学是什么"作为北京交通大学传播学专业的新生研讨课,首次于2013年9月在当年的新生课堂开设。该课程面向传播学专业大一新生,以教授引导、师生互动、小组研讨、探索学习为特点,以培养认知能力为目的。课程结束后,考核合格者取得"新生研讨课"1个课程学分。其教学形式主要围绕某一专题,以教授和学生之间的交流、小组讨论、口头以及写作训练为主,以小组方式边学习,边讨论;也可以根据需要,安排实验、参观、调查等教学活动。

经历高考后的新生第一次离开熟悉的亲人和环境,面对全新的高校环境无论在生活抑或学习中难免面临种种不适,尤其对于所学专业心中有无数个为什么。作为新生的引导者,我们首先要与新生一起厘清今天我们为什么上大学?所学的传播学专业是什么?以及我们怎样学好传播学专业?

1. 为什么学

对于大学新生如何快速适应大学校园,进入专业学习,首先要解决的是为什么学,以及今天我们为什么要上大学等问题。针对初来乍到者普遍感到困惑和焦虑的问题，我们在课堂上展示新东方总裁俞敏洪的开学演讲，揭示出一个人上大学的三重境界：一为好工作；二为兴趣；三为使命感。而第三种人往往能够成为大学问家或大事业家。俞敏洪用自己的励志经历昭示："我们必须有的三种精神：第一种是学习精神，第二种是梦想精神，第三种是行动精神。"俞敏洪告诫新生要"抛弃标准答案走向独立思考；抛弃家庭依赖走向独立成长；抛弃对外表的关注走向内心的成熟，这是非常重要的。"

2. 学什么

我们研讨课的课程教学设计中邀请了传播学专业研究生二年级两位同学与2013级新生座谈，分享他们各自在本科阶段的专业学习体会和参与"挑战杯"社会调查的收获体验。新生们从学长言传身教中领悟到只有规划好的人生才是值得一过的人生，不虚度光阴，最终才能实现梦想。大学阶段要做到"读万卷书，行万里路"，除了专业书籍还要广泛阅读人文社科书籍，积极参加社会实践活动。文科教育尤其是新闻传播学专业，读书一定要杂，武艺一定要全。要动口动手，口才与文笔并重；要动脑动眼，思考和观察共举，十八般武艺样样精通才能胜任信息时代全媒体对于全能媒体人的需求。四年大学，如果缺少了坚实的求知过程，打打游戏、玩玩闹闹，留下的只有梦幻泡影，春梦了无痕。

3. 怎样学

对于本专业的认知，不仅要了解基本概念和基本原理，还要建立基本的理论体系。在研讨课上我们学习了什么是传播，什么是传播学，什么是媒体，什么是社会化媒体，什么是自媒体；探讨了媒体的特征、功能以及负功能，探讨了什么是大众传播及其特征和过程。最后进行案例讨论："当前电视媒体娱乐化倾向的失范与监管"，联系当前各大卫视的选秀节目，探讨大众媒体在功能上对于大众文化的正面及负面影响，以及我们媒体管理者如何在法律及制度的层面上，在尊重文艺节目创作规律方面进行有效引导和监管。

针对大学四年的传播学专业学习，一是要学会使用图书馆，充分利用网络资源。二是参加社团,为自己的学习或兴趣找到一个交流的空间。三是参加“挑战杯”和大学校园的竞赛项目,增强团队合作意识。四是确立目标(考研或留学),围绕这个目标组织实施读书计划。五是寻找各种实习机会,了解社会和锻炼能力,培养待人接物的情商及处理棘手问题的专业技能和承受能力。

二、传播学专业新生媒介素养的调查

传播学专业老师在研讨课上针对本系 2013 级新生进行了媒介素养调查,采用问卷与焦点小组的形式进行。本次调查是传播学专业新生研讨课的重要组成部分之一,目的是为了全面、深入了解我系 2013 级新生的媒介素养现状,从中发现学生存在的问题与实际需求,使授课更具针对性与实用性。问卷主要由三部分构成,分别调查了学生的媒介使用及认知情况、手机使用情况以及对媒介素养的认知情况等内容。焦点小组则将学生分为四组,由本系 2013 级研究生担任主持人和记录员,四位青年老师作为指导老师,在问卷的基础上进一步深入了解学生的情况。通过此次调查,不仅得到了有关我系 2013 级同学媒介素养现状的大量有价值的一手资料,使之后的授课更贴近学生的实际需求,还使得他们对社会调查方法有了一定的感性认识;同时也为我系研究生实际操练研究方法提供了一次良机,加深了他们对于相关知识的理解和掌握。调查取得了良好的效果,我系也决定将其作为新生研讨课的一个保留项目,力争获得更为丰富的历时性数据。

此次调查方法的训练目的在于启发低年级学生的研究兴趣和批判性思维,引导他们了解学科的前沿问题和本质问题,体验学术活动的一般过程。

三、名师请进来与学生走出去

1. 名师请进课堂

为了拓展新生专业视野，2014 年 10 月 24 日，新生研讨课特邀中国人民大学新闻学院责任教授、博士生导师、博士后流动站站长，国务院学位委员会学科评议组成员陈力丹教授为我院传播学学子做了一场“数字化生存与习近平的传播观”的主题讲座。讲座主要围绕两个主题展开，首先陈力丹教授用近 50 分钟时间为大家讲述了数字化发展的历史，并指出数字化发展的六大趋势，在这里他提出了数字化发展带来的人的异化问题，引发大家对于人文与科技关系的思考。在对数字化发展的讲解中，陈力丹教授引入了大数据的概念，并列举了国外关于大数据运用的新闻事例，说明大数据对于新闻生产与新闻业生存的影响，但同时也指出大数据在其发展过程中存在着许多应用不当之处，大数据只是工具，我们不应盲从于由此武断推导的结论。陈力丹教授还指出了新媒体发展中存在的悖论，也对未来的数字化生活作出了展望。

讲座的第二部分是关于“习近平总书记的宣传观与新闻观”。陈力丹教授以习近平总书记《关于推动传统媒体和新兴媒体融合发展的指导意见》为引子，通过对讲话的分析，总结出习近平总书记的宣传观和新闻观，即形成立体多样、融合发展的现代传播体系；遵循新闻传播规律和新兴媒体发展规律；宣传工作要胸怀大局，把握大势，着眼大事，因势而谋、应势而动、顺势而为；反对形式主义；领导人报道的三条选择标准：工作需要、新闻价值、社会效果；党性和人民性从来都是一致的、统一的；新闻宣传理念的三个创新等七大要求。陈力丹教授在讲解中穿插大量新闻报道的实例，来具体展现习近平总书记的宣传观与新闻观，使得枯燥的内容变得生动而有意味。例如在讲解宣传工作要胸怀大局时，陈力丹教授以央视直播糯康被执行死刑的节目《生命倒计时》为例，说明不顾人文社会的价值标准一味追求收视率只会造成恶劣的社会影响；又如在反对形式主义的宣传观问题上，他列举了摆拍读报、接打没有安装插头的电话、照稿宣讲等一系列造假新闻。

在座的老师和同学们获益匪浅，启发颇多，尤其作为传播学专业的新生，认识到今后不仅要学习新闻传播学基础理论知识，更要学习怎样把理论运用于实践，勤于思考，善于观察，培养新闻事件的敏感性和洞察力，努力做一名数字化时代的合格传播人。

被请进课堂的第二位大师是美国唐纳德·W.雷诺兹新闻研究院原科研副主任、美国密苏里大学新闻学院高级社会研究中心主任孙志刚教授，他为我院传播学专业新生做了一场主题为“美国媒体的最新变化及思考”的讲座。孙教授是美国新闻与大众传播教育协会、国际传播协会及全美传播协会的会员，是业内资深专家，不仅在《大众传媒与社会》《健康传播期刊》《报纸研究学刊》等著名刊物发表学术论文数十篇，而且还是《大众传媒与社会》《健康传播期刊》和《新闻与大众传媒季刊》等 SSCI 期刊的匿名评审。

讲座伊始，孙教授就从新媒体所带来的一系列挑战入手，引发大家对传统的新闻原理重新做出思考，同时将理论与案例相结合，详细地展示了互联网、移动新媒体时代下，美国新闻传播业界发生的重大变化。讲座内容主要分为三个部分，第一，重视数字优先；第二，重视联结受众/社区；第三，美国新闻传播教育的改革思路。在讲座中，孙教授多次强调，新闻学习者要按互联网思维、按媒体的发展规律来思考问题，引导同学们将自己的专业与未来的职业相结合，挖掘重大热门事件背后的影响因素。在有关新闻教育改革的分享中，孙教授引用密苏里大学新闻传播学院首任院长沃尔特·威廉斯(Walter Willians)的信条“我相信新闻的专业性”来表达自己的观点，指出在未来的新闻教育中，新闻专业主义应该放在更加重要的位置上，并且指出在互联网、新媒体时代，我校理工科背景为我系新闻传播学教育的发展提供了独特优势，指出未来我系的传播学专业教育改革方向可以借助我校的优势学科如计算机、统计学、通信工程学等开设交叉课程，培养文理兼通，既会码字又能编程的复合融通型的数字化高端人才。

孙教授以学贯中西的娴熟理论知识和丰富的案例讲解，向同学们讲述了互联网时代下，未来媒体技术的变革将不可阻挡、日新月异，并用习近平总书记近来倡导的“互联网思维”引导新生们积极思考和讨论，讲座气氛异常活跃，同学们获益匪浅。

2. 学生走出课堂

2013级传播学专业新生在老师的带领下参观了中国传媒大学传媒博物馆以及动画与数字艺术学院。本次参观也是传播学专业新生研讨课第一次校外体验活动。通过此次活动，传播学专业2013级的同学们进一步深化了对传播学科的了解，对于自身在专业学习中的差距和不足也有了更清醒的认识。

中国传媒大学传媒博物馆创建于2012年。馆内藏品丰富，包括了历代广播、电视、摄影设备，珍贵的传播史照片等。博物馆为此次参观配备了专业的讲解员，同时还有虚拟演播室等互动设备供大家使用。经过此次博物馆的参观，同学们既感慨于传播媒介悠久的发展历史，也为我国广播电视事业的发展感到骄傲，书本上学到的知识也变得鲜活起来。

当天，同学们还参观了中国传媒大学动画与数字艺术学院。学院特意安排了专业老师接待，为同学们全面详细地介绍了动画学院各种藏品以及学院自主创作设备和师资条件。最后还特意为同学们放映了多部由该学院学生创作并获得国际大奖的动画作品，同学们在观影后获益良多，进一步激发了他们对于专业的热爱和学习的动力。

第二次活动是2013级新生在班主任带领下，前往北京电视台进行参观访问并参与《笑星撞地球》栏目录制。《笑星撞地球》是北京电视台全新打造的一档综艺栏目，为包括相声、小品演员在内的笑星们提供一个展示的平台，于每周日晚19:35在北京电视台文艺频道播出。

在北京电视台《笑星撞地球》栏目的演播室，同学们充分体验了一个综艺节目的完整录制过程。从演员候场、上场表演、中间调整到NG重录，同学们对电视综艺节目的录制过程有了真实的感受，对主持人、现场导演、摄像师、灯光师、场记协调等的工作有了直观的了解和认识。两位主持人和三位评委的妙语连珠让同学们连连叫好。同时,所有师生作为现场观众全程参与到节目的录制当中,直观感受到了节目制作现场的特别气氛。这次活动是新生研讨课的重要组成部分之一,通过这次活动,同学们不仅提高了专业兴趣,还加深了对新闻传播学专业以及媒体行业的了解。

四、与新媒体创业者交流

2014 年上半年,我们特邀资深营销顾问王浩先生做了题为 *Social Media World* 的讲座,他分享了在广告行业的实际操作经验,针对同学们关心的问题给予详细的解答,使得同学们对互联网领域的研究和工作有了更为深入的了解。

本场讲座围绕着企业如何使用微博、微信进行社交媒体营销展开。首先,王先生简单地介绍了当今中国社会移动互联网的发展现状并通过互动了解同学们在日常生活中对互联网应用的使用程度。然后,他提出微博营销的 PRAC(Platform,Relationship,Action,Crisis)策略,并认为碎片化时代,企业微博要想获得成功需具有以下三种人格要素:草根元素、媒体元素、粉丝元素。接着,王先生重点讲解了微信的商业化趋势,列举了大量的微信账号运营案例,并对未来的移动互联网产业做出展望。最后,他与同学们进行了积极的互动,向同学们推荐了一些微信媒体平台,诸如 36kr、虎嗅网等,提出要利用新旧媒体建立完整的信息网以获取最新、最权威消息。最后他还就微信与其他社交媒体的不同进行了比较,就嘀嘀打车和快的打车之争、央行叫停余额宝等事件进行点评。讲座中,王先生旁征博引、妙语连珠、幽默风趣,引得课堂里发出阵阵笑声。

王浩先生大学毕业后一直从事互联网营销工作,专注于互联网移动平台、产品、理论、工具研究,服务过中国平安、五粮液、红星美凯龙等企业,研究设计开发企业社会化营销矩阵产品、双微营销产品、社会化数据监测产品、社会化精准营销产品并参与实践运营。

第二次活动是特邀北京微梦广告有限责任公司总经理赵充、娱乐部高级经理王靓媛来为传播学新生做主题为“新媒体与新闻事件的危机公关”的讲座，他们于 2014 年 4 月 3 日，联系热点“周一见”事件对社会化媒体的特征及新媒体公关进行讲解。此次讲座首先由赵充总经理与新生一道分享了其求职经历及创业经历，并就新媒体营销、社交数据挖掘等方面向同学们进行详细介绍，并回答同学们提出的问题，与同学们进行亲切互动。随后，有着丰富新媒体公关经验的公司娱乐部高级经理王靓媛以“周一见”新闻事件为切入点与同学们进行交流。王靓媛经理首先针对这一事件过程进行梳理回顾，并从社会化媒体相比传统媒体的特殊性角度对此事件的传播轨迹和传播数据及传播规律进行归纳分析，最后总结：在社会化媒体时代，做公关必须要顺应民心民意，顺乎社会伦理规范，一定要具体问题具体人物具体分析，网民要理性对待新闻事件，不能只见树木而不见森林。在讲座过程中，王经理随时回答同学们的疑问，以杨幂、范冰冰等明星为例，阐述明星的公关营销经验，并对“周一见”事件后姚笛如何进行公关提出策划建议。王经理最后强调，任何一个新闻事件都是不可复制的，做公关工作要关注受众心理及对象的特殊性。

“传播学是什么”通过邀请业界创业者和专家进行讲座，有利于同学们对媒介产业有更为完整清晰的认识，培养同学们掌握从事媒介产业工作所必须具备的理论知识和实际工作能力。

结　语

“传播学是什么”新生研讨课是北京交通大学面向传播学专业新生开设的专业选修课，首次于 2013 年 10 月 7 日成功开设。开课伊始，负责该课程的主讲教授组建教学团队，带领年轻教师从教学内容到教学形式，从教学环节到教学方法实行全面革新，采取理论研究与案例讨论、课上座谈与课下实践的无缝对接教学模式，探讨传播学专业新生研讨课如何为新生解惑释疑并提供方法论的指导。该课程除了理论讲授，在课堂教学形式上采取多种尝试，进行“传播学专业新生媒介素养”问卷调查统计，举办多次课外活动。该课程的总结报告已经上报学院和教务处，并被上传到学院和教务处的网站，其教学形式、方法及效果均受到同学们的好评。

对任何新生事物的探索总是伴随着艰辛，教学改革也是如此。毕竟新生研讨课在国内还是一种全新的教学模式的尝试，改革永无止境，今后争取在如下方面做出改进：一、坚持小班上课（每班不超过 25 人），选取新闻话题，教师引导进行专题话题讨论；二、做中学，同时培养学生的逻辑思维能力，课后布置作业，每期挑选几个讨论的话题，分小组合作写作新闻评论，最后做成几份评论报刊；三、组织读书会，每周精读一本课外书，邀请高年级及研究生学长带领新生交流读书心得，写成读书报告；四、增添课程教学环节的评价体系，制成量表，要求学生打分，包括教学内容、教学环节、教学方法等，进行量化分析，做到教学相长。

附：

“传播学是什么”教学大纲

课程编号：

开课学院：语言与传播学院

学　　分：1

学　　时：16

学　　生：传播学专业大一新生

一、课程性质和教学目的

新生研讨课“传播学是什么”是面向传播学系大一新生开设的专业选修课。本课程通过本专业教授与本科新生进行交流、探讨，使新生对于传播学专业有一个比较全面和深入的了解，并在此基础上培养他们对于专业学习的兴趣与热情。培养学生主动学习的意识，激发学生对于传播学专业的研究兴趣和主动参与意识，并对学术活动的一般过程、方法、要求有一定的了解和体验。帮助学生尽快从学习上、心理上适应大学的教学与生活，能够对大学四年做出比较清晰、切实、合理的学习规划。

二、教学内容与学时分配

（一）本专业老师与新生对话交流，以圆桌会谈的方式与学生探讨传播学专业在信息社会下的功能、地位、作用及特色，知识构成，能力要求，就业前景等，使学生对本专业有一个比较全面、深入的认识。

（二）结合授课教师主持的研究项目，引导新生了解学科的前沿与本质问题，启发其研究兴趣，培养独立和批判性思维，激发学生从事学术研究的志向。

（三）结合具体研究项目，安排、指导学生开展专项社会调查，使学生了解并体验学术活动的一般过程和规范。

（四）理论学习与实践活动相结合，带领学生参观本学院的产学研基地，为今后专业实习和工作打下良好基础。

（五）参与电视台的栏目制作。

课程主要内容、要求及课时分配安排如下：

序号	知识单元（章节）	知识点	要求	推荐学时
1	传播学专业介绍	学科功能、地位、作用及特色； 知识构成； 能力要求； 就业前景； 传播学专业入门读物推荐。	了解	2
2	传播研究的热点与前沿问题	当前传播学研究的热点和研究前沿，如媒介融合、新媒体等（学界名师讲座形式）。	熟悉	4

续表

序号	知识单元(章节)	知识点	要求	推荐学时
3	专题研究:商业传播	如“微博营销的定位、功能及作用”(业界创业者讲座形式)。	熟悉	2
4	社会调查的基本方法	文献研究 抽样 概念的操作化定义 常用的测量量表 问卷设计 数据录入与分析 调查报告的撰写	熟悉	2
5	分组讨论、展开调查	围绕研究主题,分组进行调查,并撰写调查报告。	掌握	2
6	组织学生参观产学研基地和参与电视栏目制作	参观麦肯光明广告有限公司、参观天智通达信息技术有限公司、参与电视台栏目制作。 在参观过程中,教师向学生介绍广告以及数字出版的相关知识等。	了解	4

三、教学安排及要求

本课程除了向传播学专业的新生介绍本学科的特色、知识构成、能力要求、就业前景等专业的基本情况之外,还包括当前传播学研究的热点与前沿问题,启发学生的研究兴趣,培养独立及批判性思维。同时本课程还将进一步结合专业教授的研究课题,组织学生以小组的形式,展开调查研究,并撰写符合学术规范的研究报告,使学生对于学术研究的一般过程、方法、规范等有初步的了解与体验。因此,在进行本课程的教学时,应注意:课堂学习与课外自主学习相结合,以教师讲授为主的知识点学习与项目形式的探索性学习相结合,个体学习活动与小组协作和讨论相结合,口头交流活动与笔头写作活动相结合,理论学习与实践学习相结合。具体安排如下:

1. 课堂讲授:以教师讲授为主,辅之以多媒体音频、视频素材。充分利用课时,向学生介绍当前的研究热点与前沿问题,组织学生围绕某一研究主题进行课堂讨论、展示活动,在教师的引导与带领下,采用以学生为中心的教学模式,注重师生之间的交流与互动。

2. 圆桌会谈和作业展示:教师与学生平等对话交流,回答学生学习和研究中的问题。作业展示汇报要求学生以小组的形式(3 -4 人一组)进行,期末要求学生按小组提交一份格式规范、设计合理、内容翔实的研究(调查)报告和个人学习总结。

3. 课下自学:由于本课程涵盖面较广、内容较多,部分内容(如专业入门书目以及与研究课题相关的文献资料等的阅读)须布置学生课下自学。

四、课程考核

本课程为考查课,最后的总评成绩由下表中若干部分组成:

新生研讨课		
	Components	Grade %
平时成绩	考勤	10%
	课堂讨论	30%
期末考试	提交研究(调查)报告及心得体会总结	60%
总评		100%

五、教学参考书

(一)相关学科的阅读书目和资料(循序渐进)

1. 中外哲学、历史、文学经典名著

2. 中外政治学、社会学、经济学、心理学等经典著作

3. 中外经典电影、纪录片、电视专题片

(二)传播学专业及相关学科阅读书目

1. 郭庆光:《传播学教程》,中国人民大学出版社。

2. 戴元光:《传播学研究理论与方法》,复旦大学出版社。

3. 童兵:《理论新闻传播学导论》,中国人民大学出版社。

4. 单波主编:《20 世纪中国新闻学与传播学 · 应用新闻学卷》,复旦大学出版社。

5. 袁方主编:《社会研究方法教程》,北京大学出版社。

6. 葛兆光:《古代中国文化讲义》,复旦大学出版社。

7.〔德〕马克斯·韦伯著,彭强、黄晓京译:《新教伦理与资本主义精神》,陕西师范大学出版社。

8. 张岱年、方克立主编:《中国文化概论》,北京师范大学出版社。

9. 钱理群主编:《中国现代文学三十年》,北京大学出版社。

〔闻学,北京交通大学传播学教授,研究方向为媒介经济与管理、媒体写作与评论等,主持国家社科基金和北京市社科基金一般项目及其他多项课题研究,参与多项国家社科基金及省部级课题项目。〕

媒介融合篇

基于“技能”与“意识”的全媒体素养培养

——全媒体时代高校传媒人才培养模式探析

◎ 周嵬玮　刘希磊

摘　要:全媒体时代对于从业人员提出了更高更新的能力需求,我们称之为“全媒体素养”。全媒体素养分为“意识”和“技术”两个层面。对高等教育而言,需努力探索提升学生“全媒体素养”的人才培养模式,以更好地面对全媒体时代的行业需求。

关键词:全媒体素养;技术;意识;人才培养

一、引言

随着数字技术的迅猛发展和网络传播的全面运用,“全媒体”已经成为近年来学界热议的话题。任何一个行业的发展和勃兴,都离不开人才的培养,传媒业自然也不例外。培养全媒体人才,也成为传媒业所关注的焦点问题之一。

全媒体转型的大背景下,各种媒体互相融合、协同运作。在这样一种全新的传播环境中,媒体的新闻报道从内容的生产、传播方式的运用到传播渠道的选择都发生了相应的变化,呈现出诸多全新的特征。这不仅对传统媒体生存发展提出了新的挑战,对从业者的素质与能力也提出了更高更新的要求。如何培养优秀的全媒体人才成为我们急需思考和解决的一个问题。

如果无视传媒集团全媒体发展这个大背景，仍然按照过去的思路培养人才，不仅不利于提高学生的综合实力和竞争力，也会加重媒体对毕业生的培训负担。

作为人才培养的重要源头，高校有责任也有必要对全媒体人才的培养进行深入探讨并进一步制定行之有效的培养策略。本文试从基于“技能”与“意识”的“全媒体素养”这一概念出发，就这一命题进行探讨。

二、全媒体背景下人才需求特点分析

1.“全媒体素养”——全媒体时代的能力需求

“全媒体素养”是指传媒人才在综合学习和使用各种媒体时，通过训练和实践而获得的技巧或能力，也就是指全媒体时代媒体从业人员的能力需求和媒介素养。全媒体是从“跨媒体”“多媒体”等概念逐步衍生而成的。总体上看，我国新闻传播学者对全媒体的定义主要分为两类：一类是“营运理念（模式）说”，认为全媒体指的是一种业务运作的整体模式与策略；另一类是“传播形态说”，认为全媒体的概念来自传媒界的应用层面，是媒体走向融合后“跨媒介”的产物。本文所论及的“全媒体”，是指“综合运用多种媒介表现形式，如文、图、声、光、电等来全方位、立体化地展示传播内容，同时通过文字、声像、网络、通信等传播手段来传输的一种新的传播形态”。全媒体在发展中往往受到信息技术和通讯技术的限制。它并不是一种一成不变的单一模式，它是一个开放的系统。随着互联网日益普及，博客、微博等媒介形态大行其道，而手机的逐渐普及，又使得手机报、微博、微信风靡全球。“全媒体”就是一个开放的不断兼容并蓄的传播形态，随着3G网络的成熟，4G网络的开发成功，又将有许多意想不到的传播形态加入其中，丰富受众的媒介体验。

全媒体并非不同形态媒体的简单组合，而是根据用户需求和媒体传播规律来综合运用各种表现形式的一种传播方式。拥有不同媒介只是全媒体的基础设施建设，其核心在于掌握不同媒介的传播特点和规律，兼容并蓄、融会贯通地运用不同媒介，以最小的成本达到最大的传播效果。在全媒体时代，媒介形态呈现出多样性的特点，同时受众具备更强的互动性。伴随着微博、微信等的异军突起，全民参与传播的程度得到大幅提高，人人都是"麦克风"、处处都有传播者的局面已经形成。当媒体就业风向标指向媒介融合发展的现实需求时，培养优秀的跨媒体、全能型人才已是大势所趋。从行业现状来看，全媒体时代对于从业者的能力要求似乎更加多元。他们要么一专多能、以复合型人才的身份促成不同媒介的融合；要么博学睿智、能够准确分析媒体现象和问题本质；要么训练有素、能够在上岗后迅速独当一面。显而易见，新的媒介需求要求从业者必须具备更新更全面的职业能力，即"全媒体素养"。

2."全媒体素养"的内涵

"全媒体素养"是全媒体时代对于传媒人才综合能力的基本需求。显而易见，在全媒体时代，人们很难有充足的时间去适应环境，也难以具备应对所有困难的知识和本领。对于高等教育而言，以创新的眼光、开阔的视野、先进的教育方式来提高学生的全媒体素养，是刻不容缓的任务。从媒体发展现状及趋势来看，适应全媒体发展需求的传媒人才需具备"技能"和"意识"两方面的素养。

第一，是"全能化"——全媒体时代的业务技能需求。

全能化的技能需求以及在此基础上的整合传播能力，是全媒体素养在技能需求层面的典型特征。全媒体环境下，传播手段多元化、媒体发布通道多样性，使得受众获得信息更为及时，且能得到多角度、更多视觉满足的体验，从业者必须熟练掌握全媒体信息采集、制作技术才能胜任全媒体时代的行业需求。在传统媒体时代，从业者面对的媒体是单一的，信息采集和制作技术也是相对简单的。全媒体信息表现形式的多样性，要求从业者在信息采集技术上是全方位的，这些变化对传媒从业人员在信息采集技术和后期制作方面提出了更高层次和更多元的要求。从业者要求掌握文字记者的采写编评能力，摄影记者的图片拍摄、现场抓拍能力，电视记者的摄像、录音、剪辑、编辑等能力。除此之外，从业者还必须学会适应信息发布终端多样化的要求，掌握全媒体信息发布技术和网络传输技术。

以“技术”的全能化需求为基础，整合传播能力同样是全媒体时代从业人员必备的素养。新媒体传播是一种高度复杂的传播形式，是一个全新融合的平台，自我传播、人际传播、组织传播、大众传播等都能够在这个平台上找到自己的空间。全媒体人才应该成为新闻、资讯以及服务的重组者、连接人和发布平台。一名合格的记者不仅要学会使用电脑、相机、录音笔等常规采访设备，还应学会摄像、剪辑，掌握博客、微博、QQ 等网络平台，能够综合运用各种载体，在现场就融合信息、策划选题，通过媒介融合优化传播效果。传统媒体向数字化转型后，已经演变为多媒体传播集团中的一部分，在媒介融合带来资源配置与内容整合的时候，传媒从业人员需要在了解各种不同媒体特点的基础上博采众长，挖掘更多可用的媒体资源，争抢“第一报道权”，争取拥有更多的市场占有率，并且针对不同的受众分配不同的信息，以更好地满足受众需求。

第二，是全媒体意识——“服务者”与“把关人”的双重角色。

相较于技能需求，“全媒体素养”对于意识需求也更具挑战性。全媒体时代，从业人员需具备“服务者”与“把关人”的双重角色功能。

首先，全媒体时代，媒体与受众之间的关系已由“一对多”的传播模式，逐渐向“多对多”的传播模式转变；由原来注重“受众意识”，向注重“用户中心意识”转变。从业者要突破原有的传统媒体思维和固有的媒体界限意识，变受众为用户，变宣传、灌输为引导、服务，形成以用户为中心的思维模式，认真分析受众特点，根据不同用户的个性化需求为其提供差异化的内容。

其次，传统媒体时代，对信息的传播时效要求相对宽松，信息传播的手段和载体相对单一，媒体有充分的时间进行多次多重把关，以保证新闻传播的质量和效果。但在全媒体时代，报社、电台、电视台和互联网站采编作业有机结合，信息传播的速度和广度呈几何级增长，导致舆论环境更加纷繁复杂,对媒体从业人员的把关能力要求更高。多平台、实时化的媒体运作模式,要求从业人员必须适应时代的变化,站在综观社会全局和历史发展的高度,成为合格的“把关人”。

三、基于“全媒体素养”提升的高校人才培养模式

所谓人才培养模式,指的是“在一定的教育思想和教育理论指导下,为实现培养目标(含培养规格)而采取的培养过程的某种标准构造式样和运行方式”①。尽管从“技能”和“意识”两个层面探讨全媒体素养可以较为清晰地概括全媒体时代的能力需求,但是,具体到人才培养模式的建设则并非如此简单。事实上,传媒行业的发展由于与科技发展的结合更为紧密,故而其人才培养模式的构建要求更加灵活和富于创新意识,更需要走出去的魄力和大胆变革的勇气。密切关注行业发展,提高前瞻性战略意识,大胆创新,构建科学合理的全媒体人才培养机制,是全媒体时代高等教育需要直面的重要课题。

1. 创新培养理念,重新定位全媒体人才培养目标

构建全媒体人才培养机制首先要在观念上有所突破。要将培养具有全媒体意识、判断能力和执行能力的全媒体人才作为培养目标。当前,社会发展速度极快,技术更新带来传播形式的多样化,全媒体时代给用户带来更多元和更丰富的体验的同时,也给高校传媒专业的培养理念和培养计划带来更大的挑战。传统媒体如报社、电台、电视台、通讯社等都将不再仅仅生产一种形态的新闻产品,也不再仅仅依靠某一种终端载体为受众提供新闻信息。行业发展使得对于从业人员的媒介意识、判断能力和技术能力的要求都与传统媒体时代大为不同。

首先,从业人员要具备全媒体的意识和判断能力。如针对一起新闻事

① 柯文进:《现代大学制度下人才培养模式研究》,《中国建设教育》2006 年第 11 期。

件,可用哪些形式进行播报,哪种报道形式最能反映事件的整体状况,哪种形式最能吸引不同媒介的受众,哪种标题更适合微信传播,什么形式最符合受众的接受习惯。正如有学者提出的观点:“对于一个新闻事件,在哪些方面使用文字报道,哪些方面使用动态影像,多大程度上使用手机媒体,多大程度上使用网络新闻,多大程度上使用图像图表,是用静态的线性来表现,还是用 Flash 技术支持的动画来表现,是用滚动新闻现场直播,还是与用户互动采用网民提供的内容,这些都是对全媒体人才综合能力的考验。”①

很明显,只有熟悉不同媒体的特性,才会对这些问题做出准确的判断,才会选择最适合的传播形式。随着媒体融合的进程不断加快,各类传媒因介质差异而产生的鸿沟逐渐被填平。全媒体人才需要具备高瞻远瞩的全媒体视野,需要具备专长并知晓各种媒体的运作流程和规范,需要完成与各种媒体的完好对接,以发挥自身功用。对于承担人才培养任务的高等院校而言,能够结合社会发展实际,与时俱进地对培养目标及时做出调整,这是高等教育生存与发展所必须面对的课题。

全媒体时代,对于人才培养质量的评价尺度发生了变化,高校人才培养的目标需要重新定位。人才培养质量有两种评价尺度,一种是学校内部的评价尺度,另一种是学校外部的即社会的评价尺度。高校的人才培养定位目标必须充分考虑社会的评价尺度,充分尊重社会和行业对于人才的需求标准。从单媒体型向全媒体型转变是适应媒介融合发展的客观需要,也是确保在媒体竞争中取得先机的重要因素。

当传统媒体时代发展到全媒体时代,具有知识复合、能力复合、思维复合等多方面特点的复合型人才成为紧缺的资源。倡导复合型人才培养也是近年来的热门话题。在复合型人才的培养过程中,必须要考虑到“精专”与“全能”的关系。

教育说到底是对于人的培养。而人与人的个性和特征的差异决定了我们在人才培养中必须贯彻“因材施教”的理念。媒介融合带来的“专精”与

① 詹新慧:《全媒体人才培养重在思维转换》,《军事记者》2011 年第 4 期。

"全能"的矛盾早已经被国外学者意识到。密苏里新闻学院的迈克·麦金教授就曾经提出:"没有任何人能把每一件事情都做得很好,同样,没有任何一个记者能够成为熟练掌握所有媒体技术的能手。"①这提示我们,不要企图把学生培养成精通报刊、广播、电视、网络技术的"全才",也不要试图培养三头六臂、无所不能的超人。在教学过程中,必须注重不同类型技能的普及与提高。要根据学生的兴趣、气质、个性,引导其确定自己的主攻方向,寻找其作为个体的核心竞争力技能,并作为重点培养,精益求精。在此基础上,提升学生对于不同媒体综合运用的能力。

2. 建设与全媒体传播接轨的课程体系

课程体系与课程内容建设是高等教育的核心问题。全媒体时代,应当强调课程体系的交叉设置,以利于学生了解不同媒体的特性并有一定的操作能力。总体而言,全媒体时代的课程体系应以"宽口径、厚基础"为准则,注重通识教育、媒介融合理念与技能教育。目前,我国高校传媒专业的课程体系大致划分为四个板块:一是以人文、社科、自然科学知识为基础的通识类课程;二是以新闻传播、媒介融合理论与方法为基础的专业类课程;三是以广播电视、媒介融合技能为基础的实践类课程;四是以培养综合思维能力、专业工作能力和社会实践能力为基础的实习类课程。

全媒体传播时代,原有的理论型的、单一的课程结构模式已不能适应新形势的要求。例如:在传统媒体时代,传媒专业往往围绕某一媒体来安排具体课程。比如新闻学专业主要围绕报纸讲解采写编评,虽然有些章节也涉及广播电视,但基本都是一带而过;广播电视新闻学专业开设的课程则以广电为主,报纸业务甚至不会涉及。以这样的课程设置培养出来的学生,自然难以适应全媒体背景下的工作任务。因此,打破专业壁垒,强调不同专业课程体系的交叉设置,成为高等教育中应该重视的问题。课程体系建设应该站在传媒变革的大视野下,重新思考课程的结构模式,建设以培养德、智、体全面发展的高素

---

① 付晓燕:《媒介融合下的美国新闻业和新闻教育变革》,《新闻与写作》2009 年第 8 期。

质应用型全媒体人才为总体目标，以提高全媒体技能与职业道德素养为素质标准，以全媒体人才岗位能力需求为参照，突出实训教学、结构层次清晰、教学目标明确的课程体系。尽量做到技术和采编并重，传统媒体与新媒体课程并行，文字、图片、视频多种表达方式兼学的全媒体课程结构模式。如在新闻学专业中增加电视新闻、电视节目策划与制作等广播电视类的课程，在广播电视专业中增加报纸编辑、新闻写作等课程，再辅之以网络新闻学、网页制作等课程，可以使学生了解不同媒体的特性。

需要说明的是，传媒相关专业受科技进步的影响很大，因此，课程体系建设应该紧跟时代而变，打破传统保守僵化观念的束缚，将课程体系调整成一个动态的过程。当然，课程体系的调整不应该盲目进行，而应科学统筹，本着“按需设课”的原则，依据既定的专业培养目标和时代的需求，设计核心能力课程，打造学生的核心竞争力。

除了课程体系交叉外，课程内容的建设也应当更加注重全媒体实践能力的培养，打破不同课程之间的隔阂，实施不同课程的联合教学或是联合考核。比如大多数传媒类专业都开设了电视节目策划与制作类课程，出镜采访、主持类课程，平面设计类课程，新闻写作类课程等。这些不同的课程内容分别对应学生不同实践能力的培养，在教学中大多由不同教师以相对独立的方式实施教学。如果能够联合教学，或是在实践阶段联合考核，比如面对同一个新闻事件或同一素材，要求学生完成策划、文案写作、摄影、摄像、视频编辑、出镜报道等不同课程的实践环节，可以使学生在单一固定教学时间内得到全媒体综合运用能力的锻炼和提升。

3.“跨媒体”“跨学科”“跨专业”——师资队伍的升级建设

教师对于学生发展的影响毋庸置疑，也是高等院校最宝贵的教育资源。全媒体时代对于高校教师也提出了更新更高的要求。目前来看，新媒体的发展日新月异，但高校教师对各种新媒体的学习和应用则处于一种相对滞后的状态，能够对新媒体进行深入研究的教师更是寥寥无几。具备“全媒体素养”教师队伍的匮乏，成为全媒体时代教育资源的软肋之一。

其一,“一专多能”型教师的匮乏。“术业有专攻”是当前我国高校传媒相关专业教资队伍的总体特征,教师受专业背景和正常环境的影响,往往成为各自专业领域的专才,却对其他专业和领域的知识缺少系统了解和深入思考。如新闻专业教师大多来自与新闻相关的专业,科研方向也较为集中;讲授平面媒体课程的教师大多关注纸质媒体,讲授网络传播课程的教师多围绕网络媒体方向展开科研。师资队伍知识结构单一,专业特征明显,在教学过程中虽然能将自己专业领域内的知识运用自如,却无法应对全媒体时代成长起来的年轻一代。如此,势必造成教师资源与全媒体时代的人才培养需求脱节。

其二,理论教师与实践教师专业背景界限分明,理论与实践脱节造成实践类教师资源匮乏,教师队伍理论与实践脱节的现象在当前中国的高校绝非个案。以国内高校新闻传播学专业为例,大多数教师在新闻专业理论知识方面学术素养精湛,但由于缺乏足够的新闻实践工作经验,导致新闻教学与实践相脱节,课堂知识的完备及理论的精深并不能掩盖其在实践能力培养上的短板。同样,广播电视专业大多是以培养学生实践动手能力为特色的,学生在就业阶段和职场发展更多地依赖实践技能。就目前国内高校相关专业的课程设置来看,也确实存在大量拍摄实践课程和非线性编辑课程,然而,广播电视理论的专业教师却常常不能指导学生广播电视节目制作的实践教学。造成这种现象的一个重要原因是当前高校对于教师的评价体系过于注重高学历和科研理论成果,已经不能适应全媒体时代的需求。事实上,无论是高校在招聘教师阶段,还是在对于教师的考核及职称晋升中,所注重的依然是学历和科研成果,教师在实践方面除非取得极大的成绩(比如作品获得重大奖项或产生极大影响力),否则难以得到评价标准和评价体系的认可。这种评价体系和考核标准,必然会造成教师队伍学历偏高和理论化倾向。事实上,除了仅有的几所传统艺术类高校,国内多数高校的相关专业均存在实践类课程师资力量匮乏的问题。

“师者,所以传道授业解惑也。”教师在学生的成长与进步中扮演着领路人的角色。提升专业教师的全媒体素养对于学生的培养至关重要，各高等院校应树立“要培养学生，先提升教师”的理念，将教师的培训工作落到实处，鼓励教师深入学习，提升面对全媒体时代的专业素养和教学水平。一方面，革新教师考核和评价体系。对于承担实践类课程教学的专业教师，在考核、职称评审等方面制定不同的标准，且标准要具备可行性，要符合本校本专业的发展现状。另一方面，打通高校与行业发展的壁垒。首先是鼓励教师走出去，积极参与各种培训、观摩、媒体实践，提升专业技能，支持教师在媒体单位承担服务社会的工作。除了“走出去”，还要“引进来”。比如提供优惠政策引进各领域的高端人才，利用高端人才的影响力带动教师水平的整体提升；或是邀请媒体资深从业人员走进课堂教学，构建业界与学界的长效互动机制。当然，无论是走出去还是引进来，都不能盲目进行，各高校应该密切结合自己的培养目标和课程体系来培养和建设师资队伍。

4. 构建多方合作、互利共赢的全媒体实践平台体系

全媒体人才的培养对实践平台体系的建设提出了更高的要求，要大力提高实践平台在人才培养模式中的地位，高校也要创新思维、以更开阔的视野和魄力构建全媒体实践平台体系。

首先，要以营造媒体氛围为目标，建设具有媒介融合特征的校内实践平台体系。校内实践平台体系要建立完备的管理体系和激励机制，培养起学习主动性和职业规划意识，为学生从课堂教学到行业实习的过渡搭建桥梁。校内实践平台体系的建设在中国高等院校内早已经十分普遍，大多由不同的专业教师建立“工作室”，吸收学有专长的同学进入工作室进行某方面技能的强化训练和重点培养。如针对平面设计能力的平面工作室，针对摄像与剪辑能力的影像工作室，以及针对文字表达能力的文案工作室等，这些工作室大多相互独立。全媒体时代，校内平台体系建设同样要具备全媒体意识，打破传统工作室各自独立的状态。比如，摄影工作室与平面工作室、文字工作室、影像工作室相互融合交叉，联合举办各类实践活动，实现校内实践平台的媒介融合。值得一提的是，国内一些具有先进教学理念的高等院

校,已经陆续建立了媒介融合实验室,让学生在仿真的全媒体环境里模拟演练。对于不具备建立此类实验室能力的院校来说,鼓励学生参与不同的工作室或是到校园媒体中去实践并轮岗,也不失为一种培养全媒体人才的方式。

平台体系的构建和实施过程中,尤其要实现教师角色功能的转变。一方面,教师凭借自己的专业经验给予学生技术支持,并且主导管理工作;另一方面,教师承担“同事”与“领导”的角色功能,与学生平等对话和交流,在潜移默化中营造职场氛围。

其次,实习基地建设全方位推进:政府+媒体+企事业单位+学校,让学生拥有充足的锻炼平台。提供充分的实习实践机会,是提升学生全媒体素养的必要条件。但是,在当前的形势下,单纯靠学校的努力是远远不够的。政府、媒体和企事业单位的支持与合作,才是解决问题的关键。政府主管部门的政策支持和主导,媒体、企事业单位和学校的联合培养,是全媒体时代值得探索的实践平台构建模式。学校应当与电视台、电台、报社、网站等媒体建立起密切的合作关系,让学生参与价值创造,实现资源共享、互利共赢:学校扩大了影响力,提升了美誉度;企业降低了成本,提升了盈利水平;学生实践操作能力提高,适应社会的能力增强;教师教学水平提升,由单一型教师转变为双师型教师。

综上,顺应全媒体高速发展和人才需求全面升级的需要,为社会提供符合行业需求的全媒体人才,是高等教育责无旁贷的任务。与时俱进,创新思维,科学研究,实事求是,制定科学合理且行之有效的人才培养策略,是一个需要不断更新观念、不断探索、不断完善的长期任务。

〔周嵬玮,北京城市学院传播系教师,讲师,中国传媒大学广播电视艺术学硕士。主要研究方向:影视美学、新媒体传播、纪录片。刘希磊,北京城市学院传播系教师,讲师,中国传媒大学广播电视艺术学硕士。主要研究方向:影视剧作、影视美学、类型电影。〕

全媒体时代的新闻教育:困境、进路与实践

◎ 董晨宇

摘　要:改革开放以来中国新闻教育一直处于"道器之争"的困境中。对于"道"的追求体现了新闻学学科发展的必然要求,对于"器"的追求则体现了新闻学教育在实践技能方面与业界接轨的现实要求。在全媒体时代,传统新闻教育面临着媒介技术革新与媒介理念革新所带来的双重压力,在改革阵痛中不断求变。本文以北京外国语大学国际新闻与传播学院所展开的尝试为个案,试图展现全媒体时代中国新闻教育所面临的困境、进路,以及从实践中所总结出的经验。

关键词:全媒体;新闻教育;新闻业转型;人才培养

美国新闻学教育发端于19世纪末期。1872年,美国政治家,时任《纽约论坛报》编辑的怀特洛·里德(Whitelaw Reid)首先提出将实践新闻学与人文学科或文理学科加以融合,形成一套完备的学院体系课程(单波,1998)。这一提议诞生于19世纪末美国社会转型的剧烈动荡中,背后蕴含着这样一种尝试,即试图调和并解决知性教育与职业培训之间的冲突。彼时,实践新闻的训练仍旧存在于报馆中的师徒关系范畴,将这一固有模式打破,面临着至少两方面的阻力:在报馆一端,大学所强调的自由博雅教育是否可以适应实际的新闻工作需要,尚且存疑;在学校一端,新闻是否可以堪称一项"学问"而不仅仅是一种技能?实际上当时一些美国大学对此表示拒绝,甚至有

人认为新闻进入大学只会降低大学的学术品格。

“道”与“器”之间的争论贯穿了20世纪美国新闻教育的发展历程，这一矛盾亦可被视为人的存在（to be）与实践（to do）之间的微妙纠缠。新闻学教育进入大学，便一定会将新闻的实践话语改造为知性话语。这一矛盾延续到20世纪初的美国社会，恰好与进步主义运动相遇，被进步主义精神诠释，便造就了美国新闻教育初期的基本理念与核心价值。这也就难怪维拉德·布莱耶（Willard Bleyer），这位素称“美国新闻教育之父”的新闻教育家，在他所设计的新闻教育体系中将实践技能推至相对边缘的地位，首先强调知识储备、批判能力和职业道德的培养（单波，1998）。

一、道：新闻学发展的必然诉求

强调“道”的新闻教育模式，在美国传统新闻教育中仍旧占有相当重要的位置。其背后有两个重要的原因：一是大学本身对于人文性、知识性、学术性的天然追求，进一步讲，也是大学对于维护和发展人文精神的一种天然使命；另外，这一传统同时也源于新闻学在大学体系中长期的边缘角色，也是新闻学者在与法律、哲学等具有悠久历史的学科相互比较和抗衡的过程中，极力维护学科合法性的一种必要的追求。

2000年，著名新闻学者詹姆斯·凯瑞（Carey，2000）对美国新闻教育的历史与现状进行简要梳理，也同样指出了这一点：“新闻学的学术来源应该根植于人文科学和人文类的社会科学中……（然而）人文科学对新闻学的鄙夷构成了将新闻学和人文学术研究分开的天然鸿沟。”这一坦诚的说法在中国新闻学界也引发了激烈的反应与应和。中国学者郑保卫（2002）对此评论道：“有些人仅仅将新闻学停留在对媒体组织、媒体机构、传播技术、传播手段、传播形式等相关知识和技能的传授上，而忽略了对新闻学基本理念和基本观点的传授，忽略了对新闻传播中的人文精神的观照，从而使得一些人只是把新闻传播当成一种功利性的东西，单纯地追求新闻的技术性、工具性和实用性。”

2005 年 5 月，卡耐基基金会与奈特基金会联合美国 5 所著名大学，推出了一项“卡耐基 - 奈特未来新闻教育计划”（Carnegie - Knight Initiative on the Future of Journalism Education），其下属的特别工作小组针对新闻学院的人才培养问题发布了名为《宣言：新闻学教育的蓝图——培养 21 世纪新闻领袖的专业学院》（*A Vision for Journalism Education—the Professional School for 21st Century News Leaders：a Manifesto*）的纲领性宣言。宣言强调新闻学院应该将学术研究作为自己的首要职能，将其他人文学科融入新闻教育的培养方案之中，在教育实践中强调职业精神和新闻工作者对于公众和国家的职责（黄瑚、励嘉，2009）。这些观点，在某种角度上可以看作是对于詹姆斯·凯瑞所提出的问题的一种反馈。无独有偶，2005 年 11 月，在中国人民大学新闻学院 50 年诞辰之际，全球近 60 家新闻学院共同签署了《北京共识》，将新闻教育的目标定义为：“培养具有神圣的社会责任感、宽阔的国际视野、深厚的文化修养、科学的思维方法和精湛的专业技能的新闻工作者。”（高钢，2007）这一共识亦将新闻教育中的人文素养放在了首要的位置。

以上这些观点、文件，对于新闻学的发展无疑是一种即时的纠偏，具有重要意义。从逻辑上讲，器优于道的新闻教育模式，会产生两种天然的问题：其一，它存在着将大学新闻学教育降格为新闻技能培训的危险；其二，大学新闻教育可能会变成输送媒体技术工人的管道。新闻媒体出于短期利益的需要，当然更希望接收可以迅速创造实践价值的“技术”人才。故而，“道”之于新闻教育的重要性，由此可见一斑。

二、器：全媒体时代新闻教育的必然要求

在“道”的另一端，则是“器”，即新闻工作者的专业技能。从逻辑上讲，两者相互并不矛盾。进一步讲，按照学者朱清河（2011）的论述，“新闻职业是一个亦道亦器，融道器为一体的‘复合性’职业”。高等新闻教育也从未舍

弃任何一方面的培养。道以载器,器以传道,按照著名新闻工作者范长江的说法:“合理的教育应当是启发青年的思想,使他们能对宇宙和人生的法则有正确的把握,然后配合着各时代的环境,培养他们服务于人类、国家的能力。”

缺少“道”的“器”会失去灵魂,缺少“器”的“道”,则无处施展。从现实层面看,传统的中国新闻学教育在培养成果方面,恰恰是道重于器的。

从历史根源上说,中国新闻教育在改革开放之后逐渐复苏。20 世纪 80 年代中国新闻工作者怀有浓重的救世情怀,不太强调所谓的新闻专业主义。这一度造成新闻与文学的界限混乱不堪,新闻作品中充斥着文学色彩浓烈的煽情主义风格(周翼虎,2011)。20 世纪 90 年代之后,有限的新闻专业主义借着电视媒体迅速发展的风潮逐渐崛起,但新闻记者的“文人救世情怀”仍在蔓延。这种发展趋势并非优劣正误之辨,仅仅从客观上讲,反映出“道”在中国传统新闻教育中的重要地位。

从现实处境上说,在中国新闻教育中,对“器”的培养一直以来都不尽如人意,这也导致中国新闻学教育在实践中遇到了相当多的阻碍。久而久之,大学新闻教育脱离业界实践与需要的特征也愈发明显。学者陈勇等人在全国 12 所高校新闻学院以及部分新闻媒体进行的调查显示,在对“当前的大学新闻教育与媒体需求是否脱节”这个问题上,2/3 的教师、学生和媒体人给出了肯定的回答。当前高校的新闻教育与媒体需求严重脱轨。“高校按自己的模式培养学生,新闻媒体则以自己的需求招聘员工”,各行其是、互不相干。在课程设置方面,这一调查的结果同样显示出理论与实践之间的失衡,纯理论课占到了 61.5% 的比重,实践操作课则仅仅为 9.7%,理论与实践相结合的课程则占据了 28.8%(陈勇等,2008)。

这其中一部分原因是高校教师缺乏实践经历所致。因为高校教师准入制度所限,大部分新闻学院的老师都没有长期的媒体工作经验,在教学中难免隔靴搔痒。另一部分原因在于高校新闻学院没有创办媒体的权限,只能通过身份模糊的学生媒体来间接与新闻实践接轨。最后,在媒体技术发展如此迅速的大环境中,教材的更新速度显然相对滞后,其知识体系、教学模式和理论前沿性都存在着相似的问题。正如学者张华(2013)所说:“新闻业是随时代的变迁和媒介技术变化而变迁的行业,它的主要特征和生命力所在是‘新’和‘做’。这就要求新闻教育随时跟上新闻业的发展步伐,不仅要向学生灌输最新的知识体系,还要使其掌握最新的实践技能。”从这个层面上讲,中国高等新闻教育已然面临巨大的现实危机。从微观层面的事实来看,很多新闻学专业的学生觉得“上了很多课,学不到什么东西”,“到媒体之后还要重新开始学习”。

中国高等新闻教育的发展自1999年开始提速,21世纪的最初五年中,全国新闻类专业总共增加了335个专业点,到了2009年,我国新闻学类专业点已达到了877个(吴廷俊,2009),这一数字到了21世纪的第二个十年仍旧还在增加。在很多教育类网站中,新闻学成为炙手可热的热门专业,但与此相对,这一学科的培养成果却普遍不尽如人意。新闻教育的危机也随着新闻学专业在中国的迅速扩张,更加凸显出其紧迫性。

三、全媒体时代的新闻业转型

与学界“道器之争”相对应的,则是业界媒体技术的迅速更新换代,以报纸为代表的传统媒体面临着越来越大的生存危机。以英国为例。2006年,英国著名杂志《经济学家》发表了一篇颇具震撼性的报道《谁杀死了报纸》(*Who Killed the Newspaper*)。这篇文章的开头写道:“1961年,阿瑟·米勒(Arthur Miller)曾深沉地说:‘我认为,一家好的报纸,如同一个国家在和自己交谈一样。’十年之后,两位《华盛顿邮报》的记者撰写了一系列文章,将尼克松总统赶下了台,纸媒的地位也因此蹿升。在报纸的鼎盛时期,它可以监督政府和企业担负起自己的职责,还可以为其他媒体设定新闻议题。但是在如今的发达国家中,报纸已经成为濒临灭绝的物种。一直以来,报业将文字卖给读者,再把读者卖给广告商,但这一模式在如今的社会中正在逐渐解

体。”(Economist,2006)

实际上,自从20世纪80年代开始,英国报纸的销售量就开始呈现下滑趋势。自1985年至今,全国日报和星期日报的销量已经下降了41%(大约1600万份左右)。低端的小报市场受到的冲击最为严重,在1985—2006年之间,这一市场流失了超过350万读者。这在很大程度上源于读者群体的萎缩。老一代喜欢读报的人逐渐消失,而新一代的青年人并不怎么热衷于这种休闲和获取知识的方式。在1986年,72%的青年人(18-27岁)每周至少会有三天阅读报纸,而这一比例在2006年下降到了42%(Williams,2009),这种下滑的趋势至今也没有任何扭转的态势。根据最新一份调查报告,除去《泰晤士报》之外,2014年6月英国各大全国性日报销售量都比上一年同期有所下降,《太阳报》下跌了9.37%,《每日镜报》下跌了7.71%,《每日邮报》下跌了7.36%,《金融时报》的下跌幅度更是达到了14.68%。而《泰晤士报》的增长幅度仅为0.66%,换算成报纸份数的话,增长的幅度还不到3000份(ABCs,2014)。在星期日报市场,所有英国全国性星期日报纸在2014年6月都比上一年同期有所下降,无一幸免,下降幅度自2.53%到12.81%不等(ABCs,2014)。

互联网在英国的迅速发展和普及为英国报业带来了新的挑战。对于全国性报纸来讲,互联网的崛起吸引了相当一部分年轻读者,同时也瓜分了很大一部分广告收入,2009年上半年,英国网络广告第一次取代电视广告成为英国最大的广告媒介;地方性报纸的日子也并不好过,其广告业务如今受到了Craglist等大型免费分类广告网站和eBay、Amazon等互联网零售商的极大威胁。作为一种应对的措施,早在1994年,《每日电讯报》便首开先河创办了英国第一家报纸网站。然而,报纸与互联网之间的关系仍旧需要更长的时间来探索。在最初几年中,网络报纸的兴起很大程度上是处于一种相对简单粗暴的经济考虑,《每日快报星期日刊》的网站基本上就是最新一期报纸的头版,这个网站缺少互动性,只是希望能够吸引更多的消费者去报摊购买报纸(Williams,2009)。在之后的摸索中,越来越多的报纸尝试将网站与报纸分离,使其成为一个独立的新闻载体。在英国的报纸网站中,《卫报》网站办得尤其成功。这家报纸于 1999 年建立新闻网站 theguardian. com,2006 年采取了“网络优先”的经营策略,通过建立自己的网站将服务从英国扩展到全世界。其中尤其值得一提的是《卫报》网站的“全媒体”策略,即将视频、音频素材嵌入到文字新闻之中,让报纸编辑出镜解说,或是派记者前往新闻现场进行拍摄。在 2013 年 5 月统计数据中,《卫报》网站位居英国报纸网站访问量第一,达到了月均 820 万人次,紧随其后的是《每日邮报》网站,月均访问量也达到了 760 万人次(Guardian,2013)。

然而,英国报纸网站的快速发展并不能解决广告流失的现状。即使在互联网平台中,报纸网站也很难依靠广告来获取利润。于是,报纸网站开始尝试探索新的盈利模式,即“付费墙”(Paywall)。按照美国互联网研究者约翰·兰多夫(John Radoff)的解释,付费墙是一种将网站内容和用户分离开来的数字技术,读者只有在支付订阅费用之后才可以阅览网站上的全部内容,兰多夫将其比喻成“互联网上的柏林墙”(Radoff,2009)。世界上第一个收费的全国性报纸网站是美国的《华尔街日报》网站,这个网站自 1997 年开始便向浏览者收取每年 50 美元的订阅费。因为《华尔街日报》在金融数字、资料等方面的专业性,付费墙的设立并没有造成读者的大量流失,到了 1998 年,《华尔街日报》网站的订阅读者数量已经突破了 20 万人。

英国第一家设立付费墙的全国性报纸是《泰晤士报》。然而它却没有像《华尔街日报》那样幸运,自 2010 年 7 月起,访问《泰晤士报》网站的读者需要支付每周 3 英镑的费用,这一措施导致其网站读者迅速减少了 2/3。《卫报》趁机吸引了大部分《泰晤士报》网站的读者,其特稿作者约翰·克里斯(John Crace)在《泰晤士报》网站宣布收费的当天发表博客写道:“欢迎所有《泰晤士报》的读者来到这里。我们很遗憾地看到,今天在你们醒来后发现不使用信用卡就无法阅读《泰晤士报》网站的内容了……但是在《卫报》网站上,我们可以提供你们想从《泰晤士报》中获得的所有信息,甚至更多,并且还是免费的。”(Guardian,2009)在经历了最初的阵痛之后,《泰晤士报》网站的订阅人数开始逐渐上升，在 2013 年已经超过了 15 万人。不仅如此，其他一些全国性报纸在观望之后也逐渐开始采取付费墙策略。

以上仅仅是对于媒介融合时代英国新闻业转型的迅速扫描。所谓媒介融合，其萌芽来自美国未来学家尼葛洛庞蒂在 20 世纪 70 年代的预言，他认为"广播电视业、电脑业和印刷出版业将在数字化浪潮下呈现交叠重合的发展趋势"（弓慧敏，2010）。这一概念的最早被提出要追溯到美国马萨诸塞州理工大学教授伊契尔·普尔，他将"媒介融合"定义为"各种媒介呈现多功能一体化的趋势"（张乔吉，2010）。从现实看来，媒介融合意指在现代数字化技术、网络技术和移动通信等技术飞速发展的基础上，以信息消费终端的需求为指向，由内容融合、终端融合、网络融合所构成的媒介形态演化过程（蒋晓丽、任雅仙，2008）。

近些年来，媒介融合一直是学界和业界共同关注的热点话题，且持续升温。根据学者陈力丹等人的最新统计，"截至 2014 年 12 月 13 日，CNKI 上以'媒体融合'和'媒介融合'为关键词的文章有 2146 篇，而 2013 年为 1314 篇，2010 年则为 909 篇。其中对纸媒的关注最多，其他依次为广电、门户网站、出版业，也有对微博的相关研究"。（陈力丹、雄壮，2015）

媒介融合所带来的新闻全媒体时代对于新闻业产生了巨大的冲击，而这一冲击也直接改变了高等新闻教育的图景。2005 年美国著名的密苏里新闻学院开设了"媒介融合专业"，2007 年中国人民大学新闻学院也开设了新媒体专业，这可以作为中外新闻教育转型的代表性尝试。

四、案例：北外－博尔顿全媒体新闻硕士项目

北京外国语大学是国内培养国际传播人才的重镇，从这里走出了杨澜、许戈辉、何炅等一大批活跃于国内外主流媒体的知名传媒精英。相比国内传统新闻院校，北外国际新闻与传播学院建院历史尚短，于此而言，国际化传播人才既是学院建设之特色、根本，也是学院发展的突出优势所在。在

“道”之层面,注重国际新闻、国际传播的理论建设;在“器”之层面,则注重培养可以在世界各地展开国际新闻业务活动,具有国际化视野的新闻人才。

自 2011 年起,北外国际新闻与传播学院与英国博尔顿大学在国际化全媒体新闻人才的培养领域展开合作,这一项目的宗旨是传授学生系统的新闻专业知识和技能,使学生能够利用多种媒介平台从事新闻传播工作。同时,北外－博尔顿全媒体国际新闻硕士教育项目是国内首家由教育部批准的中外合作办学新闻教育硕士项目,旨在培养高层次的、具有国际视野的全媒体新闻传播人才。

针对目前国内新闻教育所存在的一系列“脱轨”现象,北外－博尔顿全媒体新闻硕士项目希望可以做出一些有益的尝试。概括而言,即在新闻教育的设计理念上着重以下两点:一是将全媒体作为培养计划的重点方针,二是大量引进业界一流新闻人才直接与学生互动、交流。

全媒体作为教学目标的重中之重,应和了媒介融合时代的发展规律。早在 2005 年,美国密苏里新闻学院副院长布瑞安·布鲁克斯(Brian S. Brooks)便说道:“我们看到在美国对记者编辑的需求有了变化,需要培训一些技能融合的记者编辑。我去了堪萨斯一家重要报纸,他们说希望招聘到能够报道超级碗体育盛会和美式足球的记者,给报纸写个故事,再给网络写个不同的故事,还能为网络做一些视频、音频的节目……我们从没有训练过这样的学生,因为我们总是培养报纸记者、杂志记者,现在需要培养跨媒体的记者了。我们要开设一个将各种媒体融合在一起的新方向来培养这样的人才。”(蔡雯,2009)然而,目前中国传统新闻教育仍然在这一方面与西方存在着巨大差距,诸多调查表明,在新闻教育的课程体系中,对于新媒体手段和技能的掌握明显不足(参见孙宜君、刘进,2012)。

出于对全媒体时代的考虑,北外－博尔顿全媒体新闻硕士项目试图在课程体系上做出创新。整个硕士项目分为三个学期,第一学期注重全媒体基本技能的培养,兼顾 Skype 形式进行理论课程的教学;第二学期学生与教师共同完成属于自己的多媒体作品,在实践中提高自己的媒介工作能力;第三学期则完成学位论文和毕业设计项目的工作。以第一学期为例(见表1),课程融合了基础的新闻写作和较新出现的社交媒体、信息图等媒介表现形式,利用12周的时间近距离与学生分享媒体工作的基本技能。除此之外,还有两点非常重要的理念:一是全英文教学,在招生方面突出中外学生的混合搭配,这是培养国际化传播人才的一个重心;二是课程的自然更新,在媒介演化发展速度如此之快的时代中,这也是必然的要求。

表1 "北外-博尔顿全媒体新闻硕士项目"第一学期课程安排

Week 1	Photography & Photo Editing	Week 7	Infographics
Week 2	Multimedia Storytelling & Photo Editing	Week 8	Digital Platforms
Week 3	News & Feature Writing	Week 9	Social Media
Week 4	Audio	Week 10	Family Project
Week 5	Video	Week 11	Reading Week
Week 6	Cinematic Video	Week 12	Assignment Week

在教学内容之外,"教育者"角色的选定也是极为重要的考虑因素。我们希望学生可以有机会与中国乃至世界的一流新闻工作者"零距离"接触,掌握业界一手的技术、信息和材料。为此,我们聘请了克拉克(D. Clark)、沙龙(S. Sharron)和坎贝尔(D. Campbell)三位业界、学界优秀的从业者负责教学任务。除此之外,我们也邀请中大量外新闻业界精英全程参与教学工作。这些记者来自英国《经济学家》《卫报》《纽约时报》《时代周刊》、新华社等新闻机构(见表2)。我们希望可以通过这样一个项目做出一些创新,例如对于全媒体时代各种媒介理念与技术的培养。创新之外,回归也是非常重要的,具体而言便是回归作坊式的教学形式,这种回归意味着每个老师都会单独跟学生进行沟通,通过做项目,手把手地教他怎么做事情。

表2 “北外-博尔顿全媒体新闻硕士项目”师资情况

主要外方师资
D J Clark:《中国日报》的多媒体记者,《经济学人》的定期视频供稿人,亚洲新闻中心的多媒体新闻主管以及该硕士学位的课程负责人,世界新闻摄影协会核心训练团队成员。 Sharron Lovell:多媒体记者,作品可见于《新闻周刊》《卫报》《华尔街日报》《经济学人》《福布斯》等各个媒体。 David Campbell:作家、学者和多媒体制作人,世界新闻摄影多媒体项目研究负责人。
业界专家师资(部分)
Tania Branigan:英国《卫报》记者。 Dan Chung:英国《卫报》常驻中国记者,世界顶级多媒体专家与摄影记者。 Adam Dean:摄影记者。作品曾被世界上很多顶级杂志和媒体使用,如《纽约时报》《芝加哥论坛报》《先锋论坛报》《时代周刊》等。 Jonah Kessel:导演、图片和视频摄影师,《纽约时报》北京记者站的兼职摄影师,曾多次获得国际奖项。 James Bayliss Smith:摄影记者、视频编辑、纪录片电影制片人,澳大利亚广播公司北京站摄影记者。 黄文:新华社新闻信息中心推介部主任,新华社高级编辑,传播学博士。曾获法国昂热国际独家新闻节文化新闻图片奖,曾参加科索沃战争报道。

在学生的学习成果一端,他们的作品会以网页的形式,包括文字、视频、图片等来进行展示。可喜的是,其中有许多值得关注的社会话题,比如关于中国失独家庭的采访,被分为非常多的部分,通过视频、文字等全媒体的形式呈现出来。这一硕士项目开办以来,已经有一些学生在工作中荣获国际奖项,其中包括“英国年度新闻摄影师”新闻类一等奖、“乔治·波尔卡新闻奖”视频报道奖、“世界新闻摄影比赛多媒体奖项”专题纪录片三等奖、国际摄影中心无限奖、海外记者俱乐部摄影奖72小时突发新闻事件报道奖,等等。

北外-博尔顿全媒体新闻硕士项目是北外国际新闻与传播学院在国际化新闻人才培养方面所做的一次尝试。我们希望可以在师资配比、教学内容和教学形式等方面尝试不同的可能性。在日新月异的媒介技术的压力下,新闻教育既需要在“道”的层面继续推进,也应该在“器”的层面紧跟时代潮流。器与道并不相互违背,反而相互映照,新的“器”更需要不同的“道”来解释和引导。全媒体时代需要新闻教育推陈出新,更需要高等新闻教育走出去、请进来，打破学界与业界的壁垒，相互交融，彼此开放，只有这样才能使新闻学专业的学习者更加受益。

参考文献：

"ABCs: National Daily Newspaper Circulation June 2014", http://www.theguardian.com/media/table/2014/jul/11/abcs - national - newspapers.

"A Brief History of Paywalls", http://radoff.com/blog/2009/11/30/a - brief - history - of - paywalls/.

"Guardian.co.uk Most Read Newspaper Site in UK in March", http://www.journalism.co.uk/news/nrs - guardian - co - uk - is - uk - s - top - monthly - news - site/s2/a553108/.

Williams, K. *Read All About It: A History of the British Newspaper*. London: Routledge, 2009, p. 223 - 224.

"Who Killed the Newspaper", http://www.economist.com/node/7830218.

James W. Carey 著，李昕译：《新闻教育错在哪里》，《国际新闻界》2002 年第 3 期。

陈勇、王远舟、吴晓川：《高校新闻教育与媒体接轨状况调查》，《新闻界》2008 年第 1 期。

高钢：《媒介融合趋势下新闻教育四大基础元素的构建》，《国际新闻界》2007 年第 7 期。

弓慧敏：《媒介融合视野中电视媒体的未来发展》，《中国广播电视学刊》2010 年第 5 期。

黄瑚、励嘉：《面向未来的美国新闻教育改革尝试》，《新闻大学》2009 年第 2 期。

蒋晓丽、任雅仙：《媒介融合的生态批评》，《四川大学学报（哲学社会科学版）》2008 年第 4 期。

单波：《反思新闻教育》，《新闻与传播研究》1998 年第 4 期。

孙宜君、刘进：《媒介融合环境下广播电视新闻教育面临的困境与出路》，《新闻爱好者》2012 年第 11 期。

吴廷俊：《问题与成绩同行：1978—2008 中国新闻教育发展研究》，《新闻大学》2009 年第 2 期。

张华：《媒介融合背景下的新闻教育改革研究述评》，《中国报业》2013 年第 6 期。

张乔吉：《新媒体背景下的媒介融合走向》，《新闻爱好者》2010 年第 3 期。

郑保卫:《新闻≠传播≠媒体——对〈新闻教育错在哪里〉一文的思考与回应》,《国际新闻界》2002 年第 5 期。
周翼虎:《中国超级传媒工厂的形成》,秀威资讯科技股份有限公司 2011 年版。
朱清河:《高校新闻教育的“道器”之辩》,《当代传播》2011 年第 1 期。

〔董晨宇,北京外国语大学国际新闻与传播学院讲师,毕业于中国人民大学新闻学院,2012 -2013 年作为访问学者在美国乔治梅森大学学习。研究方向为传播理论与公共关系理论。〕

新媒体理念在传统影视课程中的运用

——以广播电视概论、纪录片理论与实践课程为例

◎ 赵艳明

摘　要：为了适应新媒体技术的发展，新时代的新闻传播教育也将面临着变革。本文以北京交通大学传播学系本科教育为例，探讨在不改变既有课程体系的前提下，如何让现有的影视课程呼应新媒体的要求，贯彻媒介融合的理念，让新媒体教育的内容融入到已有的课程中去。同时也提出要加强实践教学环节，推动产学研一体化。

关键词：新闻传播教育；影视课程；新媒体理念；实践教学

随着传播技术的革新，当今传媒业发生了巨大的变化，媒介融合被认为是大势所趋。具体表现为：渠道平台化、内容集成化、机制流程化以及消费与生产结合。① 渠道平台化意味着单个媒体的界限已经模糊了；内容集成化表现为新闻信息可以采用文字、音视频、数据等多样化表现手段；机制流程化是指传媒集团根据不同的业务（如新闻或娱乐）再造生产流程，而不是根据媒体形态（如报纸或电视等）区分生产部门；消费与生产结合则意味着那些曾经被称为受众的人们变成信息生产的积极参与者。而现在的受众媒介消费行为也已经是跨平台的了，信息数据可以通过PC、手机、平板电脑、电视等屏幕进行呈现，“多屏世界”“跨屏世界”已基本形成。

---

① 胡正荣：《全媒体时代的复合教育》，《新闻大学》2014年第1期。

媒介形态的变化、媒介生产和消费的迅速变迁,对新闻传播学教育带来了挑战和冲击。胡正荣认为,当前国内的新闻传播学教育存在着媒介融合与专业教育分割的困局。① 目前教育部的本科目录仍然是按照传统媒介形态来划分的,例如新闻学、广播电视、广告、编辑出版、网络与新媒体等,这种专业设置本身与融合之后“非媒介中心”的格局相矛盾。

在融媒体时代,纵使新闻传播专业名目和设置在短期内无法改变,新闻传播学教育也应当尽量避免传统的专业分割,将媒介融合的理念贯彻到传统的非媒介融合课程和非新媒体课程中去。例如,传统新闻学尊奉客观性报道、倒金字塔结构,然而现在的一些研究却表示,在微博、微信等新媒体平台上,带有个人情感和个性的报道更有可能拉近跟受众的距离并取得受众的信任。那么在新闻学课程中,是否也应将新媒体环境下新闻业务的革新囊括其中呢?

北京交通大学传播学系于2006年开始招收本科生,虽然成立时间不长,但借助学校较强的理工科基础,也在媒介融合的新形势下积极探索专业特色发展之路。目前北京交通大学的传播学本科课程体系主要有四个部分:新闻理论及采写编评业务、新媒体业务、商业传播(包括广告学、市场调查营销等)以及影视传播课程。在图像时代,影视传播是当前新闻传播学教育的必要内容之一。北京交通大学传播学也将影视课程群贯穿于四年的本科教育中,影视课程培养体系如下所示:

	课程名称	培养目标
影视基础(大一)	广播电视概论 视觉文化 电视文化	对所处的图像世界有一个基本的认识,了解当代广电行业的基本面貌,提升视觉素养,培养解读视觉文本和文化的能力。
影视创作技术(大二、大三)	视听语言 影视文学 摄影摄像基础 非线性编辑	培养在剧本写作、拍摄、剪辑等方面的技术能力,强化视频创作实践。

① 胡正荣:《全媒体时代的复合教育》,《新闻大学》2014年第1期。

续表

	课程名称	培养目标
影视分析和理论（大三、大四）	影视鉴赏与传播 纪录片理论与实践	学习电影理论和纪录片理论，能够用专业知识解读影片，并对当下的影视行业和作品有一定的把握和认知。

影视传播虽然跟传统的图像、电视、电影密切相关，但以网络视频、社交网络和手机应用为代表的新媒体，对整个影视行业产生了巨大的影响。在影视接收和消费端，就拿笔者所接触的北京交通大学传播学系的本科生来说，90%以上的学生没有每天看电视的习惯，而他们接触的绝大多数影视内容都来自网络视频和社交网络分享。当代年轻人的收视习惯已经从传统媒体过渡到了新媒体。对于影视传播教育来说，亦不可忽视网络、手机新媒体的作用。笔者在北京交通大学传播学系讲授的几门跟影视传播相关的课程，也试图对课程教育中如何贯彻媒介融合的理念进行探索。下面以两门传统的影视课程——广播电视概论和纪录片理论与实践为例，谈一下新媒体理念是如何在课程中得以贯彻和应用的。

一、广播电视概论课程的新媒体化

广播电视概论是传播学系的一门专业基础课，也是国内许多新闻传播院系的基础课程之一。由于面对的主要是大学新生，所以课程形式主要以教师讲授为主，将广播电视学相关知识点介绍给学生。

广播电视概论课的主要知识章节有：广播电视技术基础和发展史、广播电视的社会功能、广电管理体制及法规伦理、节目研究、受众研究等。传统的广播电视学课程体系中有部分内容是“广播电视前沿技术及趋势”，主要介绍了新媒体跟广电传播的差异、新媒体对广电业的冲击以及媒介融合趋势等。随着媒介融合趋势的深入，网络新媒体和传统广播电视行业的勾连越来越紧密；再考虑到当代大学生的媒介接触和使用习惯，所以广播电视学课程不能将“新媒体技术及趋势”内容作为一个章节,而是在课程的每一部分都加入对于网络新媒体和媒介融合的讨论和思考。

尝试将媒介融合理念融入广播电视概论课程的一些具体安排如下:

1. 广播电视技术基础和发展史

这一部分主要介绍广播电视的传播特性、技术基础以及中外广电发展史,特别是中国内地及港澳台地区的电视发展情况。在介绍技术基础和历史的部分中,不仅要强调广播电视的发展,还要兼顾人类所有的媒介技术的发展。例如,会简要介绍互联网的发展;在介绍广播电视传播特性的时候,也会将之与互联网的传播特性相比较,探讨不同媒介技术的优劣,引导学生思考媒介技术的发展对人类生活所产生的影响。

2. 广播电视的社会功能

这一部分主要介绍广播电视与社会的关系、电视文化作为一种媒介文化对社会所产生的影响,并且增强学生对于电视负功能的批判意识。同时应该明确,媒介文化不只是广播电视文化,而是在多种媒介的共同作用下形成的。例如,央视的春节联欢晚会作为一种电视仪式,进入了中国人的家庭,形成了一种新民俗文化。而在网络社区里,有大量的网民通过参与讨论、“吐槽”的形式对春晚进行解构,形成了春晚意义的再生产,也构成了一种别样的媒介文化。

3. 广电管理体制及法规伦理

这部分主要介绍世界上的几种广电体制,以我国的广电管理体系、法律法规和伦理问题案例分析为重点。近年来互联网特别是网络视频的兴起,对于传统的广电管理体系形成了很大的挑战。其主要原因在于,任何一家视频网站都可以成为潜在的网络电台、电视台,数量远远超过线下的电台、电视台,人们能够轻易地获得各种音视频节目,这无疑加大了监管成本。同时,目前的互联网管理和视频内容管理分属两个部门——分别是工信部和广电总局。因此在对学生讲述我国的广电管理体系的时候,就不能不考虑网络新媒体的影响,使学生理解我国目前广播电视管理存在的问题。

4. 广播电视节目研究

这部分是广播电视概论课程的重点内容,主要通过讲授新闻类、综艺娱乐类、谈话类等广播电视节目类型,以及节目的市场和编排,使学生对于广播电视节目样态有整体性的了解,并能够运用专业知识对有代表性的节目进行分析,发掘学生进行广播电视节目策划的潜力。而随着网络视频的兴起和自制节目的盛行,网络上出现了很多视频节目新样态,既有 CNTV 这样的“国家队”,也有优酷网、搜狐视频、爱奇艺等“商业队”,都对自制节目青睐有加。短小、搞笑、接地气成为这类节目的媒介特点,涌现出《侣行》《晓说》《大鹏嘚吧嘚》等一批优秀的自制节目,还反向输出到各个电视台。因此广播电视节目研究也应该对网络自制视频节目给予更多的关注。

5. 受众研究

这部分介绍了广播电视的测量体系,包括视听率、收视份额等测量指标,以及目前我国视听率调查的情况。而当今的媒介受众调查,除了传统的广播电视视听率调查之外,还应涉及媒体网络影响力监测与分析、移动视频传播效果研究、电视网络影响力信息分析等,这成为媒体行业越来越看重的数据指标,也应该成为广播电视教学不可忽视的内容。

综上所述,广播电视概论作为一门专业基础课,对于传播学专业的学生理解广播电视发展和行业状况都是十分重要的,也是不可或缺的,而课程的各个部分也应该体现新媒体时代的内涵,贯彻媒介融合的理念。教师在授课时,应该即时更新最新的研究和案例,例如关注广电总局下发的各种新规章、关注三网融合的进程、关注最新的广播电视节目以及电视文化热点事件。因此新闻传播学教师应该具有极高的新闻敏感性,时刻保持对媒介事件较高的关注度。

除此之外,在课堂讲授的基础上,也会增加学生课堂讨论、辩论和分组阐述的环节,以促使学生积极参与到专业课的学习和思考之中,并全面提升学生的口头表达能力、思辨能力、发现和解决问题的能力。

在分组阐述环节,课程设计了一些问题,例如对某一具有代表性的广播电视节目进行分析，让学生在课下查找并整合资料，制作成幻灯片并在课堂上展示，每组同学负责一个问题的某个方面，从节目策划、运作、广告运营、社会影响等层面进行阐述。

在辩论环节中，课程设计了“我国是否应该实行电影分级制度”“电视收视率是利大于弊还是弊大于利”等几个辩题，将学生分组进行课堂辩论。课堂辩论模拟正式的辩论赛流程，分为正方和反方，各四人。学生在课下准备相关材料，课堂上进行辩论，由教师和其他学生作为评委。通过这种形式，活跃了课堂气氛，提高了学生学习的积极性和课堂参与度。

二、纪录片理论与实践课程的新媒体化

“纪录片理论与实践”是北京交通大学传播学系高年级的一门专业选修课，是一门理论性、实践性和应用性都较强的课程。考虑到课程特点及学生预期，教学设计了产学研结合的研究型教学方法，与北京交通大学教育基金会开展合作。该机构是学校下属的非公募基金会，首先要通过多种渠道募集资金和接受捐赠，肩负着搭建学校与外界沟通桥梁的职责；其次基金会资金主要用于资助学校人才培养、学科建设等各项活动。因此基金会可根据需求向学生征集纪录片作品，再挑选优秀的作品进行奖励，并发布到网络媒体平台或其他基金会发布平台上，使之发挥建构学校形象、进行文化宣传的作用。通过这种方式，本课程的教学成果真正运用到了具体实践当中，优秀的作品还可以获得奖励回报，从而大大激发了学生的学习实践热情。

通过几次合作实践，该课程的产学研教学模式和依托网络传播的教学手段已经取得了一些经验，现总结如下。

1. 平台搭建：以课程为载体，产学研支持

纪录片理论与实践课在进行教学设计的时候，着重考虑如何将实践环节融入纪录片理论教学之中，力图实现理论教学和实践教学的有机结合。因此，该课程努力打造以课程为载体、产学研支持的模式，形成理论学习与

专业实践的一体化教学。

具体而言，主要分为两条脉络：一方面以纪录片提案书、纪录片脚本的写作为中心，串联课程的主要知识点，使学生在课程训练中理解真实性、伦理问题、纪实手法、创作理念等纪录片基本理论，并在提案书和脚本的完成过程中融合学、练、评、改等部分。另一方面，与北京交通大学教育基金会进行合作，基金会作为出品方和赞助方，发布需求，模拟正式商业电影的提案会、审片会，从而通过课堂平台，完成审议学生的纪录片提案、资助拍摄创作、审片评选等环节。学生根据意愿和兴趣分为几个项目组，以“纪录片项目组”作为课程组织形式。这种项目组织形式和实战模拟训练培养了学生的团队合作精神，也提高了学生的专业综合能力。

本课程理论教学和课程训练的具体安排如下表所示：

理论教学	课程训练	学习目标
(1)基本知识：包括纪录片定义、真实性问题。	设定纪录片创作的主题：根据教育基金会的需求制作一部微纪录片(5－8分钟)。	学生理解什么是纪录片，纪录片与故事片的区别在哪里，设定影片创作的基调：必须基于真实性原则。
(2)发展史：以经典纪录片为架构的中外纪录片简史和经典纪录片赏析。	成立几个项目组，学生根据自愿和兴趣原则进行分组，每组4－5人。	对纪录片的发展简史有初步和较全面的了解，能够对经典纪录片进行述评，对学生进行纪录片创作产生整体性影响。
(3)结构与风格：纪实手法，观察式、参与式、解说式、自反式、诗意纪录片等类型，同期声、访谈、解说词的创作手法等。	邀请学校教育基金会的老师开展宣讲，学生充分了解基金会需求。	对各种纪录片结构、风格及创作手法有所了解，能够分析一部纪录片所运用的纪实手法，成为学生进行纪录片创作的直接的借鉴。
(4)产业和市场：纪录片产业状况、商业纪录片提案如何进行前期调查、纪录片提案书应该包含的内容和格式要求。	各项目组展开前期调查，确定纪录片选题，进行纪录片提案的撰写。	对中国纪录片市场和产业状况有所了解，了解提案会的重要作用，尝试撰写一部纪录片提案书。

续表

理论教学	课程训练	学习目标
(5)纪录片与新媒体:网络新媒体对中国纪录片行业带来的影响,纪录片在网络媒体上的特点。	召开提案会,各项目组汇报选题和前期调研成果,接受基金会老师和其他评委的提问和点评。	理解网络新媒体给当今传媒产业带来的巨大影响,能够认识到网络纪录片呈现出的微型化、内容诉求具体单一等新特点,对项目组进行微纪录片创作有所启发。
(6)银幕语法:纪录片脚本的写作要求与技巧。	根据评委老师建议完善提案书,进一步收集资料,并进行前期拍摄,撰写纪录片脚本。	综合运用之前学过的视听语言、影视剧本写作等方面的知识,在所掌握的现实素材的基础上,尝试纪录片脚本的撰写,理解纪录片脚本跟故事片脚本的区别。
(7)纪录片的伦理道德问题:纪录片导演如何处理跟拍摄对象及观众之间的关系、隐私暴露、被摄者的权益、如何保护被摄者的知情权等。	进行纪录片拍摄和剪辑,就制作中出现的问题跟老师进行交流、讨论。	通过创作实践,意识到纪录片伦理道德问题的重要性,在拍摄中学会处理并直面导演和拍摄对象之间的关系,能够对纪录片案例的伦理问题进行一定专业性的分析。
(8)本体论与作者论:阐释一部纪录片,分析作者的主题视角,认识导演的艺术创造力。	项目组制作完成成片,课上召开审片会,邀请基金会老师及其他专业评审,对作品进行评选。	通过对作品的综合点评,学生在对比中不仅知晓一部优秀纪录片的优点,也可以了解自己作品的不足,在学习中不断提升理论认识和实践能力。

需要说明的是,课程训练环节既有课上进行的部分,如需求说明会、提案会和评审会等,也有学生课下完成的实践作业。学生在课下应该完成前期调研、小组讨论、撰写文案、收集材料和拍摄、后期制作等内容。在整个课程安排中,每次课上教师都会了解学生的进度,做必要的提醒和督促,对于学生出现的问题及时给予帮助。如教师在学生分组之前会进行指导,告知小组成员制作一部纪录片应承担的导演、助理、摄影、剪辑等角色分工,怎样的构成更有利于产生好的作品。在学生开展前期调研时,教师应培养学生的问题意识,引导学生如何在现实生活中找到问题,告知学生什么样的目标是一个合适的拍摄对象。在提案会上,教师也要不断提醒学生进一步凝炼

影片主题、提炼自己的思想观点，并审核拍摄计划，强调在一定的时间跨度内完成拍摄、制作成片等。

总而言之，教师在课程实践训练环节应起到引领、指导和督促的作用，并用理论学习指导课程实践，从而使学生在纪录片创作实践中强化对理论的认知和理解。例如学生在调研、拍摄中，可能会遇到拍摄对象拒绝对自己的某些生活细节的拍摄，或者拒绝将拍摄素材公之于众的情况，这时候教师要引导学生如何正确处理同拍摄对象之间的关系，从而加深学生对纪录片伦理问题的理解和对其重要性的认识。

2. 内容生产：微纪录片创作

纪录片理论与实践课程的一个主要目标是进行“微纪录片”创作。也就是说，学生们以4—5人组成一个项目组，完成一部时长为6—10分钟的微纪录片。

微纪录片并不是一个全新的事物，之前人们习惯称之为“纪录短片”。“微纪录片”作为一个新称谓，是“微时代”的产物，是随着新媒体技术的发展、各种摄影和接收终端设备的微型化而发展起来的。这意味着微纪录片要有一系列适应网络新媒体传播的特点，那便是要在以网络平台为主的新媒体平台上进行播放，适合在移动状态和短时休闲状态下观看，要迎合受众碎片化、游戏性的收视心理，同时也要具有完整的故事情节、电影的品质和一定的思想内涵。

选择将创作“微纪录片”作为纪录片理论与实践课程的实践训练内容，主要有几个原因：第一，微纪录片在生产方式上具有制作周期短、个人化程度高、生产成本低等特点。对于在校学生来说，时间、精力和创作经费都有限，所以微纪录片就成为较好的训练工具。第二，微纪录片的主要传播渠道是网络视频、智能手机和平板电脑等移动终端，而年轻学生的收视习惯也是以网络媒体、移动平台为主，倾向于碎片化的观影方式，因而成为微纪录片的目标群体和潜在受众。此外，微纪录片的这种特性也有利于广泛传播和分享，提升了学生创作的积极性。

微纪录片不同于纪录长片创作,在纪录片理论与实践课堂上,教师要针对微纪录片的特点指导学生们进行拍摄创作。一般来说,微纪录片的时长不超过 12 分钟,这是基于收视心理与受众审美疲劳等心理学分析及专家研讨、大量影片数据分析而得出的。这样篇幅简短的纪录片要有诉求单一、视角微观、风格纪实等基本特征,教师在叙事、视角等方面要对学生创作加以引导。

首先在叙事上,由于篇幅简短,微纪录片叙事更要简单明确、不冗杂、目的明晰,或讲述故事,或表达情感。学生在创作纪录片时常有这样的经历和困扰,例如,有一组学生作品是关于一位复习考研的同学的故事。在调研和跟踪拍摄时,学生搜集了超过一个小时的素材,而作品要求时长不超过 10 分钟。学生在初剪时加入了大量的内容,包括一些无关的采访,导致主线模糊、节奏拖沓。后来在教师的建议下,学生将作品的主题确定为表现这位考研学生坚毅追逐自己梦想的精神,所有的访谈和材料都围绕这个主题,作品最终版本获得了良好的效果和评价。

其次在视角上,强调以小见大、抽丝剥茧、逐层深入。也就是说从人物生活的一个侧面入手,通过细节刻画人物,避免选择过于庞大的主题,通过一些案例跟学生探讨,什么样的拍摄对象适合作为微纪录片的被摄者。一般来说,有故事的、能够引发观众共鸣的人物是较好的选择。而由于创作主体都是学生,教师可以建议他们选择身边的事和人作为表达主题,更具有接近性。比如有一组学生选择身边考研学生的故事,就是一个不错的选题,影像表达深入具体、有真情实感、具有贴近性。还有一组学生想揭秘部队军人生活。在提案会的时候虽有评委提出异议,但这组学生声称他们已获得了部队拍摄的许可。但是在实际创作的时候,学生发现由于精力和时间有限,他们无法更深入地了解军人被摄者的故事,导致最后的成片较为肤浅,对军人形象的刻画只流于表面,呈现出的也只是一个外来者的视角。

此外,微纪录片在纪实风格上要重视记录原生态,强调纪实影像占比及关键性镜头描述等。总之,教师应在加强对微纪录片研究和理论总结的同时,对学生进行引导,共同创作出适合新媒体环境下传播的微纪录片。

3. 作品应用:主题定制和网络新媒体传播

纪录片理论与实践课程跟北京交通大学教育基金会开展产学研合作。基金会根据自己的需求,向学生征集微纪录作品,用于建构学校形象、进行文化宣传、联系沟通校友等,并对学生创作进行资助,也对优秀的作品予以奖励。

在第一次产学研合作中,基金会设定了“交大情怀”的活动主题,征集包括美丽校园、最难忘的交大故事、交大生活等能够体现活动精神的微纪录作品。学生们积极参与,创作了包括《埃及成龙》《唉,大四了》《你好,保安》《茅以升,我们》《晨晖》等十几部作品,最后评选出6部获奖微纪录片。学生的创作选题涵盖了留学生、毕业生、考研生、学校保安、学校清洁工、学生社团等校园生活的各个方面,用自己的视角去发现和记录身边普通人的故事,也是一次对自我心灵的清理和正能量的弘扬。

在接下来的产学研课程中,基金会根据需求,将主题设定得更加具体、微观,也更具有针对性。每年度设置一个不同的主题,例如“最美教师”“交大建筑”“学霸专辑”,等等。学生们以纪录片理论与实践课作为平台,针对每个具体的主题开展调研、资料整理和拍摄工作。例如在“最美教师”的主题征集中,学生们广泛发动学校其他院系的同学、老师,遍访交大“名师”,创作了多部风格多元化、视角多样化的“最美教师”微纪录片,不少作品获得了学校及基金会的赞赏和推荐。

学生将微纪录片作品完成并上传视频网站后,基金会积极将优秀作品发布,通过多种新媒体渠道,向在校师生以及校友、公众进行推广。对于在校师生来说,学校可通过楼宇电视、户外屏幕等校园媒体进行广播。对于校友、公众来说,微博、微信传播已经成为微纪录片分享的一个重要途径,有几部片子在微信的转发量达到上千次,通过这种方式,微纪录片在学生、校友之间传播、分享,从而使影片发挥了影响价值,增强了学生、校友对母校的归属感和认同感,也实现了基金会支持微纪录片创作的初衷。

微纪录片进行网络新媒体传播的路径如下图所示：

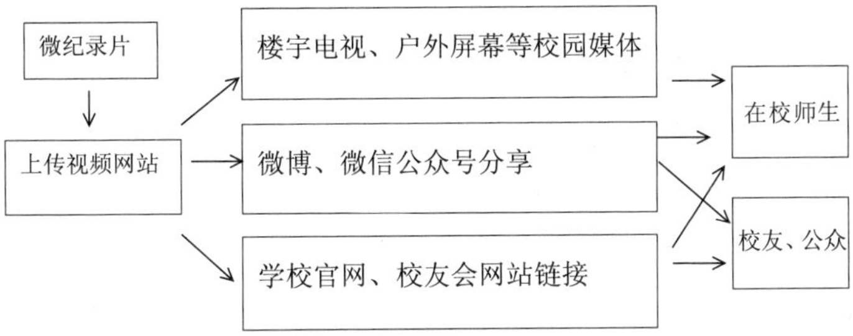

除此之外，教师还积极鼓励学生携作品参加各类电影节和纪录片节，如中国大学生微电影节等，进一步提升了学生的积极性和自信心，还影响了学生今后的专业方向。

三、传统课程新媒体化的思考

为了适应新媒体技术的发展，新时代的新闻传播学教育也将面临着转型和变革。新闻传播学教育变革要顺应新媒体发展的内在逻辑，在新的媒介生态下创新教育理念，调整课程体系，再造教学流程，改变人才培养模式，构建以媒体融合为导向的新闻传播教育体系。

当然，很多专家学者都认为，虽然传媒业在新媒体时代发生了翻天覆地的变化，但对新闻传播的真实、客观、公正、全面的要求没有改变，传统新闻业的采、写、编、评业务和音视频制作技术仍然是新媒体时代从业者必备的基本功。从这个意义上讲，新闻传播教育体系变革仍要坚守传统的新闻价值①观念，坚持传统媒体专业技能的培养，进一步提升新媒体时代所要求的专业能力和职业素养。

要实现这一目标，就要进行以媒介融合为导向的课程体系调整。当前课程体系的调整主要有两个现实路径，一是在专业课中增加新媒体教育内

① 邹军：《新媒体时代新闻教育变革的逻辑与路径》，《当代传播》2011 年第 6 期。

容;二是将新媒体教育的内容融入到已有的课程中去。

本文所探讨的两门传统影视课程中媒介融合理念的运用,应该属于第二条变革路径,也就是试图让现有的影视课程呼应新媒体的要求,贯彻媒介融合的理念,这也是在不改变既有课程体系前提下的温和的渗透。这对教师提出了较高的要求,需要教师不断更新自己的知识结构,根据新媒体的发展不断调整和充实教学内容。

同时,与课程新媒体化改革相适应的,还要加强实践教学环节,注重新媒体实践平台建设,更多地与业界开展合作,成为新闻传播的创新引擎,加强针对新媒体环境的应用性研究,推动产学研一体化。

〔赵艳明,北京交通大学语言与传播学院传播学系讲师,山东大学计算机科学与技术专业工学学士,复旦大学新闻学院广播电视学博士。主要研究方向是影视理论、纪录片、网络视频等。〕

协同创新篇

融媒语境下中国传媒组织的人力资源战略分析

——以马航MH370航班失联事件的媒体报道为例

◎ 梁栩凌　王长潇

摘　要:基于我国传媒战略目标及当前传媒人素质现状,本文设计了一个传媒组织人才战略管理的系统框架:第一,明确传媒组织定位,树立国际视野的竞争与战略理念,以国外同行为标杆寻找差距、设立目标;第二,围绕战略目标梳理传媒从业人员胜任特征,设计能力模型,明确记者编辑任职资格,以职业化标准确立传媒人系统的素质组合;第三,基于胜任特征模型构建传媒人力资源战略管理模式,设计完整的人力资源获取、培养、激励一体化的管理体系。

关键词:社会学;传播学;文化视域;传媒角色;研究范式

2012年1月9日,国家新闻出版总署发布了《关于加快我国新闻出版走出去的若干意见》,并在《新闻出版"十二五"时期发展规划》中专门订立了"走出去"的子规划。"走出去"成为中国媒体下一步发展的战略目标,这与我国经济大国的地位相吻合,符合全球化背景下的国家根本利益。但是,发生在2014年3月的马航失联事件,却为这一战略敲响警钟。

马航失联事件引发一场持续几十天的新闻大战,中国媒体在这场大战中可谓完败。几乎所有有价值的新闻全部来自英美媒体,中国媒体在关键数据挖掘、信息证实证伪方面一无所获,所做工作只有转发。在全球化时代新媒体遍地开花、大数据传播瞬息万变的背景下,面对一起以本国国民为主要受害对象的灾难事件,国家投入大量人力物力,甚至调用10颗卫星协助救援,本国媒体却拿不出任何对事件有推动作用的信息。显然,在与外国同行的同台较量中,中国媒体明显落了下风。

一、问题提出

反思这一现象,有三方面问题不容回避:

一是人的问题。我国媒体人缺少国外记者在此次事件中所表现出来的质疑本能、探索精神和实地调研的意识,而这本应作为媒体人最基本的专业素养。从事件发生过程看来,至少在三个方面暴露出中国媒体人的软肋:

(1)质疑本能弱化,简单轻信,主要表现在事件开始时对待马方所发布信息的态度上。一般情况下,发生大型事件时政府所发布信息是媒体信息的主要来源之一,但这要建立在政府公信力比较强的前提下。此次事件之初马来西亚政府一再遮蔽事情真相,令救援工作背道而驰,常规的可靠的信息源头不复存在。此时外国记者的质疑本能就和我国记者拉开了距离,他们以职业敏感质疑马来西亚政府掩盖真相,并最终形成对真相的倒逼反证;我们记者却一厢情愿地选择了对马政府的信任,完全没想到应该对模糊事件进行有深度的追问、质疑和挖掘,不满之处仅在于马方"延迟信息发布时间"。相对国外记者在发布会上的"言辞犀利"和"咄咄逼人",我们的记者却习惯于等待及"和颜悦色"。最终国外记者的质疑和证伪式报道倒逼马国政府承认了误导记者、民众以及救援部队的事实,我们记者只能默默吞下"愚信"的苦果,转发别人的信息。

(2)探索精神欠缺,存在"宣传式报道"思维定式。我国记者过分依赖传统的采访路径,满足所谓"到达现场",没有用刨根问底的媒体精神推动事件发展。对于马航事件这样的突发性灾难事件,很多常规的采访手段和信息渠道都无法正常使用。马来西亚政府一再掩盖事实真相,误导救援进程,民众因得不到更多的信息趋向情绪化宣泄,中国媒体苦于发布会上得不到关键信息,欧美媒体却撇开一直在做的跟进式报道另辟蹊径,在其他战线上有所"斩获":《华尔街日报》、CNN、路透社分别从美方调查组、国际海事卫星组织 Inmarsat 和美国军方获得可靠信息并拼凑出相对完整的信息流。3 月 12 日《华尔街日报》从美方调查组获悉,引擎数据显示马航飞机可能在失联后继续飞行了 4 小时;一天后从 CNN 国际海事卫星组织 Inmarsat 处了解到,失联飞机可能最后驶向了孟加拉湾或者印度洋某处;14 日路透社从美国军方获得信息称,飞机失联后做过几次重大的高度变更,并认为飞机最终改变方向飞往印度安达曼群岛。正是这三个关键信息的及时披露,在严谨的数据信息链推演面前,马航和马政府终于承认了失联飞机被劫持以及飞行员参与劫持的可能性。可以说,是西方媒体用事实倒逼马政府不得不从蒙骗世人转向披露真相,而我们却始终停留在最粗浅的报道层面上。

(3)国际事件采访经验不足,对国际平台上的新闻竞争反应迟钝。习惯于国内报道的"政府发布信息—媒体报道—煽情—祈祷"宣传框架,未能及时认识到马航事件的复杂性和多元性、"国际化"发生空间和影响范围;而国外媒体则从开始就把这一疑云密布的事件放置在国际化框架中,着眼于独立挖掘事实性线索。当然,客观地讲,国外记者能在报道中抢得先机与其国际关系、政治联盟等优势条件分不开,世界民航核心技术在欧美,西方记者有得天独厚的优势,美方情报机构、军方也是决定其获得一手信息的决定条件。但我国"媒体一直在丽都"式的蹲守式采访,无论如何也推脱不了不作为的责任。

(4)专业背景单一,综合能力欠缺。这是我们和西方媒体人存在的真正的差距。我们的记者缺乏国际视野,缺乏采访国际事件的经验。习惯了国内官场文章式报道,真遇上这类跨国式主动进击的大型事件便不知所措了。媒体从业者整体年轻,大部分是新闻学专业出身,常规新闻业务采访技巧也许精通,应对马航失联这类常规采访手段和信息渠道无法奏效的事件显然力不从心。相比之下,西方记者的门槛较高,基本上都是新闻以外专业出身,每个人都有熟悉的专业领域和人脉圈子,跨专业多元化的专业背景更符合当今时代要求。全媒体时代的传媒人不应仅仅具备传统的采写编评业务能力,更要有深入不同专业领域的社会活动能力。

二是传媒组织管理问题。马航事件作为一起国际性的标志事件,对于各路媒体的突发事件信息获取和报道能力都是一种考验,也是对媒体组织的管理能力及综合实力的全盘检验。与 CNN 等国际主流媒体相比,我国媒体从自身定位、竞争意识到大局筹划和行动部署等多方面都存在明显的短板。国外媒体是盈利组织,靠新闻作品获取竞争优势早成为组织本能;我国媒体无论是否已经转型为企业,本质上依然是政府喉舌和宣传工具。不同定位决定了各传媒组织面对突发事件的行为差异:一方竭尽全力做深入调查,提出疑问,寻找真相,争取市场先机;另一方则直到别人已经拿出真东西并推动事件发展时,才看清这一事件中媒体竞争的苗头。国外老牌媒体有着丰富的国际报道经验,不仅应对突发事件游刃有余,而且深入各个领域的记者众多,专业性上更胜一筹;我国媒体既有“不知何处寻找信息”的混乱,又有“拿不到真实信息”的尴尬,情报搜集和分析能力急需改进。

三是宏观层面的战略缺失。我国缺少真正意义上的国际媒体。马航事件中英美媒体能在报道中抢得先机,还得益于其国际关系、政治联盟等优势条件。CNN 司法口老记者找到国际刑警组织坐实假护照;《华尔街日报》挖掘飞机引擎线索,后披露折返这一信息;《纽约时报》认定飞机西拐,很可能从美政府线人处拿到雷达数据;ABC 第一时间披露众包搜索;BBC 等最后找到卫星公司,让我们知道了“8:11”①。中国记者虽也曾联系上波音公司和罗罗公司,但这些公司面对中国记者却三缄其口。近年来中国记者参与国际采访越来越多,但大部分停留在零散信息或观察层面,从未主导过真正的国际事件报道,本质上中国媒体依然未能走出国门。此次英美媒体的成功告诉我们:“媒体力量”不完全在媒体,更是机制、管理、经验、资源等多要素的有效组合,传媒报道的软实力最终受制于综合国力硬实力。随着我国经济

---

① 马少华:《无法到达的新闻现场》, http://wenku.baidu.com/view/99bedb03fe4733687e21aae8.html。

实力的上升，在国际上发出自己的声音、打造中国软实力成为国家战略发展的必需。

由此可见，我国媒体与国外主流媒体之间的差距是全方位的，新闻软实力离真正走出国门还有相当距离。我们缺少能在国际范围内进行战略部署和竞争设计的传媒组织，缺少新闻职业素养高、专业背景能力强、兼具“中国视角和国际视野”的传媒人力资源，缺少能体现组织战略意图、能激励和引导员工个人发展，也能将员工素养和组织目标衔接起来的传媒人力资源战略。

鉴于传媒组织人力资源以知识员工为主体，而知识员工在一般人力资源中属较高档次的人才，故本文以人才（而非一般人力资源）战略为主要研究内容。

二、全球化时代的传媒组织人力资源管理战略

从人力资源管理视角看来，以上三个问题可以归纳为一个：传媒组织的人才管理问题。马航媒体大战本质上就是传媒组织的市场争夺战，传媒问题其实是管理问题。中国媒体尴尬的直接责任在记者，责任根源却在于传媒行业的人力资源管理，在于传媒业宏观部署的战略环境。记者作为从业人员，被组织选拔、培养开发并安排任用，一个组织的人力资源管理水平，直接决定着被管理者的职业素养和业务能力。如果一个媒体没有清晰的战略目标和合法竞争理念，没有规范标准，设计从业者在知识掌握与技能训练方面“所应为”及“所能为”的细节，却只简单地要求编辑记者以道德自律维持职业正义，这样的人才战略无异于缘木求鱼。

要缩短我国媒体和国外同行的差距，顺利实现新闻出版“十二五”规划的战略目标，本文基于战略管理及人力资源战略，设计了一个传媒组织人才战略管理的系统框架：第一，明确传媒组织定位，树立国际视野的竞争与战略理念，以国外同行为标杆寻找差距、设立目标；第二，围绕战略目标梳理传媒从业人员胜任特征，设计能力模型，明确记者编辑任职资格，以职业化标

准确立传媒人系统的素质组合;第三,基于胜任特征模型构建传媒人力资源战略管理模式,设计完整的人力资源获取、培养、激励一体化的管理体系。具体思路如图 1 所示。

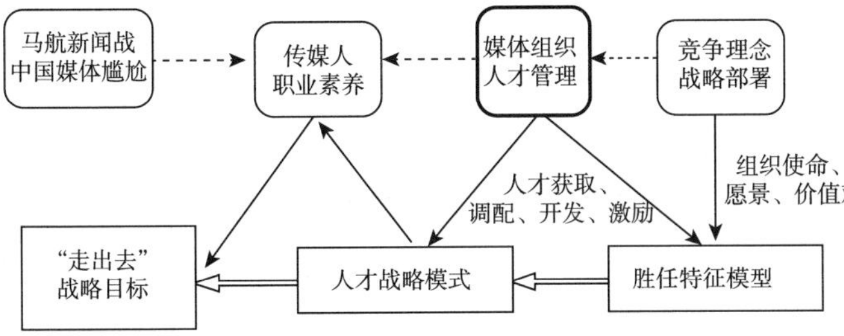

图 1　马航新闻战问题分析及解决思路示意图

图 1 显示了马航新闻战中,中国媒体存在的问题及解决问题的研究思路。上层虚线箭头引导线路是问题产生路线:媒体人职业素养欠缺引发马航传媒战中国媒体全面失败,而媒体人素养水平取决于媒介组织的管理水平,取决于媒介组织所处的宏观环境。下层双实线箭头引导问题解决思路:基于战略和竞争需要构建胜任特征模型,基于胜任特征构建人才战略并据此对传媒从业人员的获取、调配、开发与激励进行管理,最终实现我国传媒业"走出去"的战略目标。

从 20 世纪后半期始,军事用语"战略"一词被引入管理领域,以竞争为主导、结合内外环境设计全局策略的管理思想风靡全球。"竞争战略之父"迈克尔·波特(Michael E. Porter)在其 1980 年推出的经典著作《竞争战略》中设计了有关竞争的五力模型和三大竞争战略类别,由此开创了竞争战略理论并引发全球关于竞争力的研究热潮。我国传媒产业落实"走出去"发展战略,将面临全新的国际环境,陌生的新闻事件以及来自不同国家特别是发达国家的同行竞争,这就要求传媒组织不仅需要在高层强化竞争意识、根据自身条件作出战略选择,还要在组织架构、运营模式以及人员管理等方面与国际接轨。

美国学者戴瓦纳(Devanna,1981)在《人力资源管理:一个战略观》一文中提出了战略人力资源管理的概念,认为人力资源战略应该与组织战略协调一致,当组织外部环境如政治、经济、文化或技术发生变化时,组织内部的运营策略、组织机构和人事管理也必须随之变化,内外相互协调才能适应变化获取竞争优势。1992 年,莱特(Wright)和麦克麦汉(McMahan)在《管理》上发表论文,为人力资源战略管理做出定义:战略人力资源管理就是系统地将人与组织联系起来的、统一性和适应性相结合的人力资源管理①。具体内容包括:(1)将人力资源视为获取竞争优势的首要资源;(2)强调通过人力资源的规划、政策及管理实践获得具有竞争优势的人力资源配置;(3)强调人力资源与组织战略的匹配;(4)强调通过人力资源管理活动达到组织战略的灵活性;(5)强调人力资源管理活动的目的是实现组织目标。

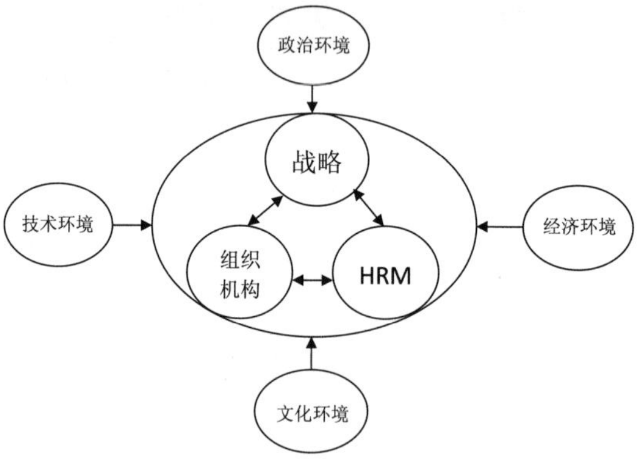

图 2　战略人力资源管理体系

图 2 是戴瓦纳(Devanna,1984)等人在其后的时间里根据人力资源战略思想设计的一个基本框架②。该框架显示:战略人力资源管理体系是一个内外相互促进的动态过程,处理得当可以有效促进企业战略与人力资源管理的契合。在传媒管理实践中,这种契合通过传媒人力资源的员工选拔、培训、考核与识别、激励与薪酬得以实现,从记者编辑的入口(招聘)到任职对

① 侯光明:《人力资源战略与规划》,科学出版社 2009 年版,第 5 页。

② Devanna, M. A. formbrum, C. J. ,&tichy, N. M. "A Framework for Strategic Human Resource Management", in C. J. Formbrum, (Eds). *Strategic Human Resource Management*,1984,11 – 17.

口技能提高(培训),再到员工的有效激励(奖惩),每一个管理环节都与组织战略环环相扣,每一项管理行为都以传媒组织的全球化竞争为终极目标。

由此可见,全球化时代中国传媒组织的人才战略必须符合以下条件:首先,人才战略与组织战略相适应。在“走出去”战略目标引导下,传媒组织须确立国际化传媒人才观,在人员选拔、培养和使用方面,借鉴国外同行长处,结合我国现有人才特征设计新式传媒从业人员管理体系。其次,人才战略与用人标准相结合,把人才战略落到实处。与有形产品的制造等行业不同,身为文化产业的传媒业产出文化产品,员工是知识员工,既没有清晰量化的产品评价标准,也没有具体的员工操作技能要求,从业人员除几个特殊职位如摄影、技工外,其他人员都没有硬性的技术技能要求。马航事件提醒我们,传媒人不仅要懂传媒业务,还要懂与栏目相关的行业专业知识;不仅要具备采写编评等传统的专业技能,还要具备社会调查、数据分析、公共关系等方面的技能和技巧。最后,人才战略与科学管理相结合,根据组织架构设计不同职位的任职标准,打造一套完整的基于胜任特征的能力模型,这是现代社会组织不可缺少的人才管理工具。

三、基于胜任特征构建传媒人力资源战略

作为一种管理工具,胜任特征模型被广泛应用于员工招聘、培训、绩效评定和薪酬设计。一般情况下,基于胜任特征的传媒人力资源战略设计,重点关注三个关键领域——媒体发展战略、胜任特征模型和人力资源管理实务。在此基础上重视两个关键连接——胜任特征与发展战略、媒体文化的连接,胜任特征与人力资源管理实务的连接,其中连接战略、文化是胜任特征模型开发的基础,重点解决“何种素质、技能与专长能有效完成任务、实现组织战略”的问题;连接人力资源管理实务是胜任特征模型的落实和应用,通过评价与鉴别解决“哪些良好素质和突出能力有利于组织发展、哪些人适合进入媒体”的问题。

一个完整的基于胜任特征的传媒人力资源战略有四方面内容①:一是组织发展战略,清晰呈现媒体组织的使命、愿景、文化和价值观,这是人力资源管理的基础和前提;二是胜任特征模型,基于媒体发展战略和文化,以媒体使命、愿景和战略目标为基础设计能力模型,确保从业者能力素质与媒体核心竞争力一致,为媒体长期目标服务而不是填补短期岗位空缺;三是分层级任职资格体系,与胜任特征模型相匹配,是鉴别、选拔和评价人力资源差异的标准;四是传媒人力资源管理实务,选人、用人、育人、留人和激励人形成一个有机整体。具体内容如图 3 所示。

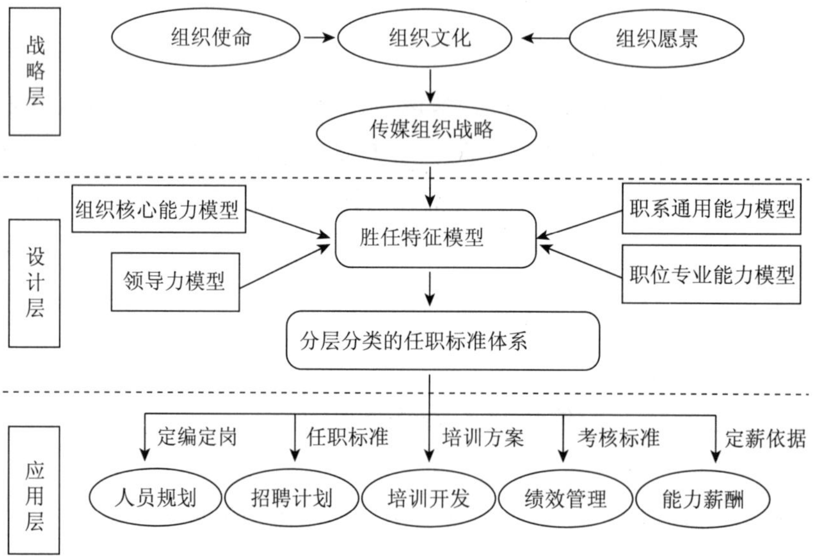

图 3　基于胜任特征的传媒组织人力资源战略

图 3 显示了一个分层构建的战略型传媒组织人力资源管理的完整系统,可供普通传媒组织借鉴。该系统以“集中—分解”为序分为战略、设计和应用三个层级,三层级从传媒战略设计到管理实务层层推进,保持严格的内部逻辑衔接。战略层显示传媒组织外部环境和内部文化,决定传媒组织在全球化时代如何确立自身定位和竞争目标,由传媒集团高层领导主持,也是本

① 梁栩凌:《基于胜任特征的传媒人力资源战略研究》,《当代传播》2014 年第 9 期。

文在前面第二部分论述的主要内容。设计层显示胜任特征模型对传媒组织战略的承接，主要工作是构建组织适用的胜任能力模型，包括核心能力模型、通用能力模型、职位能力模型和领导力模型，由人力资源部门主持，具体做法另作论述。应用层显示胜任特征模型在管理中的应用，主要工作是基于能力模型设计媒体组织人力资源规划、员工招聘体系、培训开发计划、绩效管理方案以及能力薪酬管理体系，由传媒人力资源部门和一线部门联合实施。

传媒组织的胜任特征模型系统应用层的具体内容如下：

1. 基于胜任特征的传媒人力资源战略规划体系。从业人员规划是媒体人力资源管理的首要环节，主要工作是：预测与媒体发展战略相适应的人员需求与供给，并加以平衡；对现有从业人员进行调配，达到人岗匹配的目的。一般情况下，人员总量预测使用核心能力模型，结构预测使用职位模型或领导模型，从业人员调配使用职位模型和通用模型。

2. 基于胜任特征的传媒人力资源招聘体系。这是胜任特征理论最基础的应用。作为媒体人力资源队伍建设的入口环节，使用基准性胜任特征模型实施招聘的最多。如出身新闻专业的媒体采编人员，其职业资格注册的入门条件是“在制作、播出机构相应岗位实习满一年”，体现的就是基准性胜任特征。但由于基准性胜任特征不具备区别绩效优劣的功能，只有深层次的动机、特质/习惯等鉴别性胜任特征才能决定一个人是否适合相关岗位，以及能否成为优秀的编辑记者，故如今媒体越来越趋向于利用岗位模型、通用模型和领导力模型，直接招聘综合素质高、专业能力强、较具潜力的人充实采编岗位，鉴别性胜任特征模型日益受到重视。

3. 基于胜任特征的传媒人力资源培训开发管理体系。媒体根据能力模型制定从业人员培训和职业发展的方向目标，并根据不同能力模型所要求的知识和技能，为从业人员设计培训课程。对于易于改变的表层基准性胜任特征（知识/技能），可根据核心能力模型提供的能力要素对绩差者进行训练，实现“填齐补缺”式的技能培训；对于深层次的鉴定类胜任特征（特征/动机），可依据职位模型和领导力模型,对少数优秀人力资源进行人力资本提升的培训;对所有员工,都可以通过专业序列的胜任特征模型建立职业发展阶梯。

4. 基于关键绩效指标的传媒人力资源绩效管理。鉴别性胜任特征模型如领导力模型、通用模型和职位模型是鉴定优秀绩效和一般绩效的重要标准。正常的绩效指标体系包括结果绩效、态度绩效和能力绩效,而在传媒类知识员工密集的行业,能力绩效在工作中表现突出,这是传媒组织能力模型的重要意义之一。基于胜任特征的绩效管理系统的主要工作涵盖绩效管理整个流程,从绩效计划设计,到绩效评价与反馈,终至下一步的绩效改进计划,通过循环往复的绩效管理,不断提高员工胜任能力,提高媒体竞争力。

5. 基于胜任能力的传媒人力资源薪酬体系设计。胜任能力模型是能力薪酬的设计基础,以知识员工为付酬对象,目的是激励员工通过能力提升来创造更佳绩效。能力薪酬使用领域通常是外部环境复杂多变、工作业绩与个人综合能力密切相关的创新型工作,与媒体采编人员的工作特征恰好吻合。

〔梁栩凌,北京信息科技大学经管学院副教授,研究方向:人力资源管理与开发,知识员工管理。王长潇,北京师范大学新闻传播学院教授,博士生导师,副院长,研究方向:电视传播理论与实务,视听新媒体传播。〕

探讨国际传播教育需要研究的几个问题

◎ 马胜荣

摘　要:近年来,国际传播教育在我国有了很大的发展,对国际传播教育中需要注意的问题,业界和学界都比较关注。目前需要重点注意的问题是,如何界定国际传播教育的功能,如何认识传播方式与理念,如何认识国际传播中的话语权,以及如何评估国际传播的效果。从业界的角度看,这些是国际传播教育中需要关注的基本问题。

关键词:国际传播教育;传播方式;话语权;国际传播效果

一、推动国际传播教育

传播技术的革命性变化和新媒体的兴起推动了中国新闻媒体的快速发展,中国的许多媒体都已经将国际传播放在十分重要的位置。同时,许多外国媒体也在中国设立了分支机构,这为我们开展国际传播教育提供了基本的条件。

国际新闻传播是国际传播的重要组成部分,但国际传播是一个比国际新闻传播更为宽泛的概念,是包括国际新闻与信息传播在内的所有传播形式在世界范围内的传播。

国际传播教育已经有了很好的基础。一些传统的新闻院校从原来重点发展国内传播教育逐步转变为国内与国际传播教育共同发展,国际传播教育的质量和培养人才的数量有了很大的提升。除此之外,一些院校也新设置了新闻教育院系,尤其是一些高等外语院校设置了以国际传播为主的新闻院系。这些都为进一步开展国际传播教育提供了条件。同时,设有新闻院系的学校的对外交往日益频繁,了解世界重要媒体国际新闻报道的情况和与著名新闻院校开展新闻教育交流更为方便,这是推动国际新闻教育的外部条件。

在现代社会中,国际传播承担着诸多功能,国际传播教育需要研究的领域非常广泛,包括国际传播的历史、理论流派、全球传播的基本架构、全球传媒市场、国际传播与全球化、互联网时代的国际传播,等等。但是,国际传播的基本目标是向受众提供信息,鼓励媒体采取积极的态度促进各国政治、经济、社会和文化的发展和交流,以使公众对不同政治制度、不同发展阶段、不同文化、不同宗教信仰的国家和民众有更多的了解。国际传播教育应该教会学生如何从错综复杂的事件和信息中找到信息和材料进行传播,如何对国际传播本身进行研究,如何为不同的媒体形式和不同受众提供信息,等等。

从新闻教育的整体角度看,国际传播教育的重要目标是培养符合上述要求的传播人才。加强国际传播教育可以拓宽新闻人才培养的渠道,也可以从学术的角度推进中国的新闻学和传播学的研究。首先,可以加强对于传播客观性的研究。国际传播的基本内容是新闻和其他信息或者更广范围的信息传播,但是传播的基础是客观事实,“物、世界、环境是不依赖于我们而存在的”,“在自然界和人以外不存在任何东西”,“除了运动的物以外,世界上什么也没有”。显而易见,传播的本源是物质的东西,是人类在同自然界和社会斗争中所发生的事实,是客观的实在,这就决定了传播基本特征的客观性。从这个观点出发,客观性是国际传播的最重要特征,是国际传播教育必须遵循的重要原则。

其次,可以加强对传播“价值取向”的研究。强调国际传播的客观性并不是说存在着纯客观的国际传播。因为任何传播的内容都是选择的结果，有时甚至是一系列选择的结果，是传播者价值取向的体现。因此，任何国际传播的内容都具有政治和文化色彩。这是事物的另一个方面。

最后，能够继续提升传播人才的专业化水准。目前，从事国际传播的人员大多数是在特定的教育框架内培养的，对国际事务与国际传播的规律了解不多，有较高专业化水准的人才比较缺乏。其主要原因是我们的教育没有遵循国际传播教育的一般规律，即国际传播的关键是传播信息和促进政治、经济、社会、文化的交流，其他的作用只能在信息传播和交流的过程中实现。如果采取相反的标准，那么专业化的水准就不可能得到提升。

二、关于传播方式与理念

传播方式和理念是国际传播教育中需要注意的一个重要方面。国际传播要“讲故事”，要注意传播的方式问题，这在业界已经形成了共识。2014 年 11 月 20 日，在《公共外交季刊》审稿会上，国务院外宣办原主任赵启正先生讲了他对于国际传播要“讲故事”的看法。他说，在国际传播中讲故事并不是要求传播的内容都是由一个一个的故事堆成的，变成“故事会”，而是要将传播内容具体化，用扎实而不是空洞、具体而不是概念化的表述，让受众看得懂、愿意看，不能写官样文章，采取居高临下的教育式表述方法。因此，国际传播教育中首先要注意的并不是方法问题，而是传播的观念，只有观念改变了，传播方式的改变才能产生效果，否则好的传播方式也未必能产生积极的效果。这里讲的观念就是在国际传播中要客观、公正地讲故事。需要特别注意的是，好的故事和不太好的故事，或者不好的故事都要讲，只有这样才可能展现一个真实的中国和一个真实的世界，这样的传播才会有公信力和影响力。如果只讲“童话”般的故事或者美好的故事，其作用可能会适得其反。一位在中国新闻机构改稿多年的外国专家讲过，成绩是克服无数困难之后取得的,如果不讲如何克服困难,人们也就很难理解成绩的意义。这是一个在国际传播中需要重视但一直没有很好解决的问题。

目前,国际传播和对外传播中需要解决的最重要问题仍然是理念问题,而不完全是具体的传播方式和渠道的问题。

三、关于国际传播中的话语权

国际话语权是公民话语权、官方话语权与媒介话语权在国际场合和国际事务中话语能力和影响的表现。国际话语权不是某种权利,而是一个国家影响国际舆论的能力和在国际舆论场中所能发挥的实际作用。国际话语权应该包括两个要素,一是权威和合理的表达,二是这些表达要有人听并且相信。国际话语权与国际传播新秩序有着密切的联系。冷战结束以后,国际格局发生深刻变化。同时,基于新的传播技术的互联网和移动传播新媒体的出现,使国际传播体系发生了变革。这些变革主要体现在"跨界性""融合性""流动性"和"分众性"等几个方面。这些变化已经推动或者将要推动新闻信息采编流程的重构,国际舆论空间的拓展,媒介技术融合和产业链全面竞合。对于中国来说,拓展国际话语权的时间和空间都是存在的。事实上,国际话语权同一个国家的实力密不可分。尽管一些国家和国际组织声称所有国家在国际事务处理和国际秩序建构中都有话语权,而实际情况是实力强大的国家往往拥有实际的话语权。

要客观认识媒体话语影响力,媒体有其独有的话语权和影响力。媒介话语权和影响力是指大众传播媒介在公共事务与其他公共性话题方面享有的客观、公正地描述与表达的自由权利。虽然媒介话语权看似是一种集体的表达权利,但在本质上仍然是个体话语权的延伸,是个体或者多个个体在媒介这类载体上以公共话语的形态表达的。

从业界的角度观察,媒介影响力和话语权是"有限的"。这是由于媒体的话语权受到信息源和受众两个方面的制约。媒介本身的含义就是一种

“介体”，处在传播的中间环节，其发声受到信息源的重要影响。在一般情况下，媒介的首要作用是“传声筒”，信源发布了什么样的信息，媒介传播的就是什么信息。当然，现代媒介在海量的信息中有选择的自由，但是那些影响重大的信息仍然要依靠权威机构或者权威人士发布。与此同时，受众对媒介的话语权同样有着重要的制约作用。在传播技术发生革命性变化之后，互联网的兴起已经改变了媒介的总体格局，受众在传播环节中的作用日益凸显。

一段时间以来，有不适当地夸大“媒介话语权”作用的说法，把媒体的传播看成是政治、社会、经济等方面不稳定的主要因素。从媒体专业主义的角度看，新闻信息的本源是事实，因此新闻信息的传播必须要反映“事物的本来面目”。媒体不可以也不能违背基本事实去描述新闻事件，因此其话语权受到事实本身的限制，而且这种限制是必要的。从这样的理解出发，信息源对于新闻媒体的影响力和话语权有着直接和关键的影响。如果权威部门或者权威人士不能及时、客观地发出信息，那么媒体的影响力和话语权就会受到直接影响；如果信息源发出的信息是错误或者虚假的，那么媒介话语就会失去公信力，也就没有影响力和话语权可言。

当然，目前中国媒体中也出现了许多乱象，谣言、假新闻、不实报道、敲诈勒索的现象都存在，但是这些都是被专业的新闻工作者所唾弃的，不属于真正专业的新闻报道的范畴。

国际传播中的故事之所以有公信力、能打动人，最主要的原因是因为“真实”，也就是平常所讲的实事求是。当然，由于政治或意识形态等原因，媒体要十分谨慎，要明辨大是大非，但一般而言，任何事情的出现都会有一些不同的看法，在国际传播中不能回避这样的问题。

四、要重视传播效果评估的研究

国际传播教育要注意传播效果的评估的研究。关于传播效果的评估，我国传播机构普遍采取一种“自我画圆圈”的做法，就是原点是各个媒体，终点的评估也是传播机构本身。按照这样的做法，这个“圈”一般来讲始终是比较圆的，因为在重大事件和重要问题的传播效果总结中，传播机构由于采取的是封闭的评价方法，因此不太可能对自己的传播做一个否定的结论。因此，评估标准的研究和第三方评估机构的建立应该是国际传播教育中着重研究的问题之一。2014 年第 9 期的《国际新闻界》刊登了中国传媒大学国际传播研究中心副教授朱振明先生的一篇题为《拉美报纸媒体中的“钓鱼岛”：谈中国的形象》的论文。刘先生选取了阿根廷、墨西哥、智利等 15 个国家的一份主要报纸，对于从 2012 年 4 月日本右翼人物石原慎太郎扬言“购岛”，到 2013 年 5 月中国进入“钓鱼岛巡航常态化”这段时间中的 187 篇有关报道进行了分析。通过分析，他发现：这些报道的立场基本呈中性。新闻来源基本是西班牙的埃菲社、法国的法新社、英国的路透社、美国的美联社等西方通讯社，也有少量报纸自己采写的稿件，只有巴拿马的报纸采用了中国新华社的少量稿件。报道中给受众留下的中国和日本的形象是：中国的官方话语、民众话语和专家话语比较强硬、言辞激烈，而且伴随着话语彰显实力；日本的官方话语、民众话语和专家话语比较弱，只有安倍晋三表示不让步并派战斗机和海岸自卫队拦截和驱逐，但他同时又不停强调希望用和平对话解决争端。日本的策略更符合国际趋势，强调协调、谈判，避免使用暴力。在此语境下，中国的“实力展示”反而被贴上了“军国主义”或“威胁论”的标签。有关“钓鱼岛”的报道，中国有关主管部门和重要的传播机构是花了大力气的，但是在拉美产生的传播效果竟然是这样的，这是值得我们认真研究的。

国际传播教育需要探讨的问题很多，但最关键的是树立一种理念，即国际传播必须以事实为基础，任何离开事实的传播都是无效的，传播的说服力来自事实本身。

参考文献：

〔英〕达雅·屠苏：《国际传播——延续与变革》，新华出版社 2004 年版。

马胜荣：《媒体要重视"一带一路"倡议的传播效果》，《公共外交季刊》2015 年第 8 期。

〔美〕梅尔文·德弗勒：《大众传播学诸论》，新华出版社 1990 年版。

马胜荣：《国际新闻采编实务》，北京师范大学出版社 2010 年版。

刘笑盈：《国际新闻学》，中国广播电视出版社 2010 年版。

朱振明：《拉美报纸媒体中的'钓鱼岛'：谈中国的形象》，《国际新闻界》2014 年第 9 期。

〔马胜荣，北京外国语大学国际新闻与传播学院院长，教授。研究方向为国际传播、国际新闻报道实务和新闻报道管理。〕

新形势下新闻学特色办学的思考与建议

◎王 擎

摘　要:本文从中美两国新闻传播学面临的挑战以及美国新闻传播教育近年来的改造入手,对我国新闻学特色办学提出建议。本文认为新闻学特色办学的方向定位需要更加精准。目前,在新闻学特色办学过程中,过分强调表达,而忽视了理解。但对特色办学来说,学生对于报道内容的理解能力尤为重要。特色课程的师资应由在这个领域里实践经验丰富的资深人士担任。新闻实践更大的意义在于新闻实践后的师生集体讨论。

关键词:新闻传播教育;特色办学

一、"寒冬"到来?

入学率和就业率是高校专业教育的"晴雨表",不仅反映专业教育的现状,也决定着专业教育的未来。刊登于 2014 年 12 月出版的 *Journalism & Mass Communication Educator* 的一项年度调查表明,2013 年秋季,美国新闻传播学的入学率连续三年下降。2015 年 1 月初,中国教育部网站公布的《2014 届高校毕业生就业质量年度报告》显示,国内新闻传播学的就业率并不乐观。

Journalism & Mass Communication Educator 刊载的调查是由美国乔治亚大学的几位教授完成的。这项调查从 1998 年开始,已经连续开展了 17 年,

长期跟踪观测美国新闻传播学各专业入学率的变化。本次调查对象包括开设有新闻传播学专业的480所美国高校。这480所高校中,有475所开设了新闻传播学本科专业,225所开设了新闻传播学硕士项目,51所可以授予新闻传播学博士学位。

调查结果显示,新闻传播学在2013年秋季共招收213055名学生,是自2006年以来入学人数最低的一年。其中,本科的注册人数为198410人,比2012年的注册人数少了2029人,这也是自1998年开展调查以来,新闻传播学本科注册人数首次连续三年下降。2013年的注册人数比2012年下降0.5%,比2011年下降1.5%。对于就业市场更为敏感的硕士生的入学比例也在下降。2013年秋季学期,新闻传播学硕士的入学率同比下降1.2%。在这之前的两年,下降比例分别为2.6%和9.4%。同样,近年来总体格局呈现温和增长趋势的新闻传播学博士的入学人数也比上一年少了124人,下降比例为7.1%。就具体专业而言,新闻学专业的学生入学人数下降明显,公共关系、战略传播入学率下降,而广播新闻、数字新闻和广告学的招生人数略微上升。"这个领域中传统的核心——新闻学教育——尤其受到致命打击。"调查报告强调。

这项年度调查表明,至少在美国,新闻传播学对于学生的吸引力正在下降。尤其需要注意的是,在20世纪90年代初的时候,美国新闻传播学本科生的入学率也曾经出现明显下降,很大一个原因在于当时美国经济的疲软,而2013年,美国的国家经济处于恢复上行阶段,可是学生对于新闻传播学,尤其是广告和公共关系兴趣的下降更加引人思考。

再看国内的新闻传播学就业率。中国人民大学2014年12月发布的《中国人民大学2014年毕业生就业质量年度报告》中统计了该校61个本科专业就业率,其中广播电视新闻学的就业率为85.71%,广告学的就业率为88.89%,分别排在本科专业就业率的倒数第2和倒数第5。新闻学略好些,就业率为97.26%,但与该校39个本科专业100%的就业率相比,排名并不靠前。《北京大学2014年毕业生就业质量年度报告》并没有具体披露北京大学的专业就业率，只是公布了各学院的总体就业率数据，新闻与传播学院本科毕业生就业率为90%，在北大27个院系中排名第26位。武汉大学的数据显示，在其公布的110个本科专业中，传播学的本科就业率为97.14%，排名第44位；广告学就业率为95.08%，排名第61位；广播电视新闻学就业率为94.12%，排名第70位；新闻学就业率为86.27%，排名第104位。华中科技大学的相关数据显示，其传播学的本科就业率为75%，在其公布的88个专业就业率中排名第85位，广播电视新闻学的就业率为85.37%，新闻学的就业率为89.39%，全部低于全校97.96%的实际就业率。浙江大学的广告学本科就业率为86.84%，在全校所有专业就业率中排名倒数第三；新闻学就业率为95.83%；广播电视新闻学就业率为97.06%。

可以说，以上这些高校的新闻传播学都处在我国新闻传播教育的第一梯队，其就业率在整个学科中具有典型性和代表性。虽然就业率不能说明一切，但是至少在相当大的程度上，表明新闻传播学科的前景不容乐观，更何况高校毕业生就业质量年度报告将会直接影响学生的报考选择，继而影响高校的专业结构调整。

新闻传播教育的寒冬来了吗？我们应该怎样度过这个寒冬？寒冬之后还会有春天吗？

二、他山之石

1860年，美国弗吉尼亚的华盛顿学院在本科生中开设了新闻学课程，标志着美国新闻教育的开始。1908年，密苏里大学开办了美国第一所独立的新闻学院。中国新闻学教育通常以1918年10月北京大学新闻学研究会的成立为开端。

伴随着新闻教育的出现，有关新闻传播教育的诸多争论也随之开始。诸如，新闻学院应该教什么？新闻记者究竟应该由新闻学院培养还是到媒体中通过实践学习？新闻学院的课程应该怎样设置？应该有多少实践类课程,多少理论课程?谁应该在新闻学院任教?等等。直到今天,随着技术的发展和媒介环境的变化,这些争论不仅没有停止,反而愈加突出,愈加尖锐。

2015 年 2 月 28 日,原中央电视台记者柴静在网络上发布其自费创作的新媒体产品《穹顶之下》,让我们再一次深刻感受到由技术发展所带来的媒介环境的变化。

过去,记者必须通过媒体机构传播信息,而现在,记者能够自己发布信息。换句话说,人人都能成为记者。过去,记者必须通过媒体机构才能接触到受众,而现在,记者直接和受众面对面。过去,受众面临的最大挑战是由渠道单一带来的信息匮乏,而现在,受众面临的最大问题是海量的信息和有限时间之间的矛盾。换句话说,由媒体机构控制信息转向受众选择信息。

在这个数字时代里,在这个人人都可以成为记者的环境中,新闻传播教育能够扮演什么样的角色?我们要紧跟技术的发展开设更多的技术类课程吗?我们要开设一些什么样的课程,不仅为学生进入传媒行业作准备,更要为他们将来会面临的挑战和机遇作准备?

近些年,无论是美国还是中国的新闻传播学院都进行了一系列的改革尝试。这些尝试包括对新闻学核心的再思考,包括专业方向的选择,包括课程体系的重新梳理,甚至于包括学院名称的重新选择。比如,美国西北大学新闻学院的原名是 Medill School of Journalism,2011 年 3 月改名为 Medill School of Journalism, Media, Integrated Marketing Communications。美国北卡大学的 School of Journalism & Mass Communication 也于 2015 年改名,用"Media"替代"Journalism"。新闻学的价值被重新审视。

新闻学教育更加强调学生的批判性分析能力和研究能力。得克萨斯大学奥斯汀分校传播学院认为,新闻学教育应该培养学生"深刻的认识,相互交流和学术批性判性思维"。经过两年的讨论,2011 年,该学院的老师制订了一个新的教学方案,更加强调批判性思维和伦理的养成(put stronger emphasis on critical thinking and ethics in all our courses)。马里兰大学的新闻学院强调要挖掘学生运用其他领域研究技巧的能力,学院提供学习环境鼓励学生的批判性分析和讨论,从而使学生在针对某个议题的报道中更精确和更具有洞察力。西北大学的新闻学院认为,当学生来到新闻学院时首先必须学习新闻价值和新闻基础。他们把新闻写作和如何寻找有质量故事的课程加倍。更重要的是,增加了一门新的研究类课程,在这门课程中学生将会学习质化研究的方法,会用到人口统计学,这是为了让学生更好地了解受众的需求,知道现在30岁的人10年后将会想什么做什么。雪城大学的新闻学教育同样强调批判性分析(critical analysis)。北卡大学的新闻传播学院也为本科生开设了研究类的课程。

当然,技术类课程是新闻学课程体系中一个重要组成部分。西北大学新闻学院要求学生学习新的传播技术,邀请大数据处理方面的专家,告诉学生如何将大数据变成聪明的信息。得克萨斯大学奥斯汀分校传播学院放弃了原先的平面媒体、广播、电视技能培养的传统课程,而将不同媒介平台上的技能和不同专业的内容融合,开设了一个由小组讲授的多媒体课程,并开设了一门新的与新闻消费趋势有关的技术类课程。

与此同时,随着社交媒体日趋活跃,美国各新闻学院开始教授学生如何在新媒体领域有所发展。西北大学开设了一门教学生如何开始新媒体创业的课程。雪城大学认为,所有的学生都需要强化企业家心态,即使他们只打算到传统媒体就业,并因此设立了“数字媒体创业中心”。北卡大学新闻传播学院也成立了“数字媒体经济和创业中心”。得克萨斯大学奥斯汀分校传播学院也新增了一门“数字媒体创业”课程。

还有一个重要趋势是,新闻学院更加重视与其他学科的融合,关注如何使学院更好地融入学校整体,更加致力于学院的特色发展。密苏里新闻学院强调的是广博的文科教育,要求学生25%的学分是新闻学核心课程,而75%的课程是学校其他人文社科专业的学分。学生对任何方向有兴趣,都可以尝试学习。哥伦比亚大学的新闻研究生院设有四个方向:艺术和文化、商业和经济、政治、科学,鼓励学生尝试深度的专业报道。北卡罗来纳大学教堂山分校的新闻传播学院不仅和学校商学院联手开设了一系列本科生课程，致力于商业和经济方向的新闻报道，还和法学院一起开设了媒介法和政策研究中心。得克萨斯大学奥斯汀分校的传播学院根据学院所在地的特点，开设了专门针对拉美裔社区深度报道的方向。亚利桑那州立大学的新闻学教育也因为地域特点选择主打有关拉美文化、历史、政治、法律、经济、宗教和社会伦理等的新闻报道。

总结而言，首先，新闻学教育的核心依然是教育学生如何保持和提高新闻的公信力，如何向受众提供准确的、值得信赖的、有价值的信息。其次，在数字时代中，新闻学教育要加强学生对受众需求的了解，对于媒体效果的理解，培养学生对受众、对行业、对内容的研究能力。再次，新闻学教育应该开设新技术的相关课程，但目的是告诉学生如何运用新技术去发现、搜集有价值的信息，如何运用新技术准确、平衡、有效地传播信息。新闻教育应该推动技术的发展，而不是被技术推动。新闻教育要发掘新的需求、新的可能性、新的工具、新的结构。最后，要打破新闻学专业的樊篱，进行跨学科融合，根据学校特色、地域特点，在分众化传播中明确自己的定位，找到每一个新闻学院的特色。

三、我们怎么办

从 20 世纪 90 年代中后期开始，我国一些财经类、工商类院校陆续开设以经济新闻方向为特色的新闻学专业。这一方面是为了适应媒体人才市场的需求，随着中国经济的发展，受众对于经济新闻的需求迅速增长，市场化的经济类媒体纷纷创办，而从事经济新闻报道的人才极度缺乏；另一方面是为了谋求自身的发展，这些财经类、工商类院校的新闻学专业大多开设的历史都不长，如何与老资历的新闻院系形成差异化竞争，突出自己的办学特色？以特色办学的定位与传统通才新闻教育有所区别，无疑成为一条可选择的最优路径。

经济新闻是一个跨学科融合的产物，是新闻学与经济学的交叉学科，培养的学生从事的是经济领域中的新闻报道，需要新闻学、经济学两个学科的知识背景。虽然经济新闻教育在我国已有18年的发展历史，但至今尚未形成稳定的教学体系，与在行业里形成优质品牌也有差距。

笔者在《我国新闻学专业经济新闻方向课程设置体系分析》一文中选取了北京工商大学、上海财经大学、浙江工商大学、东北财经大学、中南财经政法大学、云南财经大学、安徽财经大学、上海对外贸易学院、中央财经大学、广西财经学院等十所开办经济新闻方向的高校，对他们的教学计划进行了统计、分析。

统计显示，这十所高校的教学计划中，开设的经济学、商学类课程均在5门以上，在整体课程设置中占有相当大比例。各高校课程设置中对证券类课程和管理类课程较为重视，但选取的课程非常宽泛，包括西方经济学、政治经济学、证券投资学、国际金融、货币银行学、微观经济学、宏观经济学、统计学原理、会计学、管理学、市场营销学、应用统计学、经济学原理、贸易经济学、电子商务概论、金融证券法、经济法、国际贸易、国际贸易实务、金融学，等等。而经济学、商学类课程的主讲教师，均为所在高校经济学院或商学院的专业教师。

这十所高校也都开设了体现经济学和新闻学融合的课程，力图构建经济报道特色方向的课程模块。开设的课程包括财经新闻实务、专业新闻报道（财经）、经济新闻实务、经济新闻报道、经济报道、经济新闻英语视听、西方经济媒体研究、经济新闻采访、经济新闻写作、经济新闻评论、深度财经新闻报道、经济新闻前沿与实务专题讲座、财经新闻采编与策划、国际商务新闻报道、财经新闻概论、财经新闻英语、当代经济新闻实务、经济新闻学概论。但从整体看，各高校对经济报道特色方向的课程模块架构并没有达成一致认识，表现为课程名称各异、课程内容各异，也缺乏权威性的教材。

但是，这种跨学科融合的特色办学在一定程度上依然得到了市场的认可。同样是来自中国教育部网站公布的《2014 届高校毕业生就业质量年度报告》和北京市教委公布的《2014 年北京地区高校毕业生就业质量年度报告》的数据,2014 年,北京工商大学以经济新闻为特色方向的新闻学本科专业的就业率为 98.72%,高于全校本科 97.31% 的就业率;中央财经大学以财经新闻为特色方向的新闻学的就业率为 100%;上海财经大学以经济新闻为特色方向的新闻学的就业率为 100%。

然而,在数字时代,随着技术的发展,媒介环境的变化,受众的分众化,新闻学特色办学也在迎接着新的考验和挑战。

1. 关于特色定位的思考

依然以经济新闻为例。经济新闻特色方向的新闻学专业都将自己定位为培养具有新闻业务能力,掌握经济学知识的专门新闻人才。但是经济学的外延相当宽泛,包括金融、保险、税务、贸易、国际经济、投资、财政、商务、环境经济,等等。一个经济学的本科生要花四年的时间去学习专业知识,而经济新闻的本科生仅靠四五门课的学习,能掌握多少经济学的知识呢?这种学习又会对他们将来从事的某个专门经济领域的报道储备多少知识呢?如果培养的学生是要进入国际经济报道领域的,那么就应该和进入其他报道领域的学生有一套不一样的课程体系。同样,每个新闻学院所处的地域都有其自身特点,上海是证券市场、国际金融发达的地区,郑州是期货交易活跃的地区,北京是宏观经济、经济政策最为敏感的区域,每个学院在确定特色方向时也可考虑如何利用地缘优势。换句话说,随着受众的分众化、媒体专业领域的细分化,新闻学特色办学的方向定位需要更加精准。

2. 对于核心课程的思考

究竟什么是特色方向的核心课程,是新闻史论、新闻技能、特色方向的知识储备,还是新媒体技术?就如上文所言,新闻学教育的核心依然是教育学生如何保持和提高新闻的公信力,向受众提供准确、值得信赖、有价值的信息。新闻学特色办学的核心课程也是如此,告诉学生传播的目的,提示他们在这样一个特殊领域里,如何去发现、搜集信息,如何去判别,如何去传播。但又不仅仅如此,专门领域的新闻报道通常会更加复杂,包含技术、经济、政策、法律、受众行为以及专门领域的特点等。因此,对于特色办学来说,学生对于报道领域、报道内容的理解能力尤为重要。而目前的培养体系中,非常强调表达,却忽视了理解。

当然,为了让我们的学生更好地进入数字化时代,技术的储备必不可少。面对课时量有限和专业教师的技术储备不足,工作坊(Workshop)的方式不失为一种解决方案。新闻学院可以开设一系列的技术工作坊,要求学生去学习,但不作为课程体系的一部分,要注意的是工作室讲授的内容一定是与课堂教学有联系的。

3. 对特色课程师资的思考

谁来讲授特色课程?是由在特色领域报道方面经验丰富的老师来讲授,还是让学生去开设有特色领域专业的专门学院学习?以商业新闻为例,是让一个资质深厚的商业新闻报道记者讲授,还是请商学院的老师讲授?

美国内布拉斯加大学新闻学院曾经做过一次尝试,由新闻学院教授和来自政治学、地理学、地球科学、农业经济的教授一起给学生授课,目的是使学生接受来自各个专业的信息,但是效果并不好,因为每个人只有一讲,每讲之间缺乏连续性。虽然教授们都很出色,但学生们得到的只是碎片化的信息,没有办法形成一个完整的框架。

笔者认为,特色课程的师资最好由在这个领域里实践经验丰富的资深人士担任。比如,商业新闻报道不只有商业议题,还会涉及政治议题,也会涉及法律议题,甚至会涉及环境问题,最好由商业新闻报道经验丰富的资深人士来讲授,引导学生对商业领域里的各种元素进行思考。

4. 对于新闻实践的思考

无论中外,新闻学院一直强调要为学生营造一个真实的媒介环境,一般会设立一座小型的电视台、一个广播频率、一张报纸或者一个网站,这当然是新闻学这种实践性非常强的应用学科教学所必需的。但是如果只是把学生送进这些机构，让他们每天都在那里采写编评，那么为什么不让他们直接进入媒体，在真实的媒体里实践、成长？新闻学院存在的意义和价值又是什么呢？

笔者认为，大学教育里的模拟仿真环境一定是与真实的媒体环境有所区别的。其中一个显著的区别应该在于，在大学教育的模拟仿真环境中，你有时间、有机会从项目中抽身出来，进一步地审视、思考，然后再开始下一个项目。所以，对于新闻教育里的媒体实践而言，更有价值的是在学生做完一期节目、完成一份报纸、上线一则新闻后的分析、点评、思考。师生对作品的集体讨论应该占据更多的时间，花费更多的精力，这才能真正体现出新闻学院的价值和意义。目前新闻学专业在制订培养方案时，为新闻实践设置了大量的课时。确实，新闻实践是必需的，但新闻实践不是目的，只是手段。

〔本文得到北京市属高等学校教师队伍建设专项培训 2014 年中青年骨干教师高级国外访问学者研修培训项目资助(项目号:067145301400)。〕

〔王擎，北京工商大学艺术与传媒学院副院长，教授。美国明尼苏达大学双城分校访问学者、美国北卡罗来纳大学教堂山分校访问学者。主要研究方向为经济新闻、数据新闻、传媒产业研究。〕

数据与财经新闻及其教育改革之思考

◎ 谭云明　徐　然

摘　要:数据是财经新闻报道的生命线,是构成财经新闻的重要组成部分,一直以来受到财经记者的高度重视。随着云技术、新媒体、物联网的不断发展,全球进入了"大数据时代"。大数据正在颠覆传统新闻的生产模式,涉及新闻数据来源、新闻从业人员、新闻选题、新闻报道的内容表现形式等方面,由此产生了"数据新闻"。数据新闻的出现一方面丰富完善了新闻报道,另一方面也引发了学界对当今新闻报道和财经新闻教育的反思。本文从大数据催生数据新闻入手,分析在大数据时代,新闻报道的发展方向和当今高校财经新闻教育应从哪些方面改革创新以适应时代的发展。

关键词:大数据;数据新闻;财经新闻;教育改革

一、数据:财经新闻报道的生命

每每翻开报纸的财经新闻版面,或是打开电视收看财经报道,抑或是浏览网页上的财经消息,我们总能见到各种各样的图表、数字,正是这些各式各样的数据构成了我们常见的财经新闻式样。

财经新闻作为新闻报道中的一个分支,从广义上讲,其报道范围覆盖全部社会经济生活以及与经济有关的领域,涉及从生产到消费的方方面面。从狭义上来看,财经新闻则重点关注资本市场、金融市场以及与投资相关的要素市场，并用金融资本市场的视角看待现实的经济生活。

财经新闻不仅具有其他类型新闻的真实性、时效性和趣味性等特征，还具有极强的前瞻性、专业性等特点。财经报道的目标受众大多是社会上的商务人士、精英人士，他们需要的是专业性的财经解读，他们特别感兴趣的财经新闻是：相关经济数据的专业化分析解读，将枯燥的数据变成通俗易懂的文字和图片，能帮助目标受众把握经济未来走势，为其投资决策作参考。

由此可见，财经新闻与生俱来便与数据相关，数据更是财经新闻报道的生命线。在一般的新闻报道中，往往会减少非必要的数字的使用，因为过多的数字既不生动，也不便于受众阅读。然而财经新闻报道却往往会大量使用数据，因为数据不但能增强财经新闻的客观性和真实性，还能为目标受众的经济生活提供参考。相反，没有数据的财经新闻无法让受众产生信任感，从而影响媒体的公信力。正因为如此，财经新闻的记者非常重视经济数据，他们在采访过程中经常会向采访对象索取数据或者自己通过相关渠道进行数据搜集，然后对相关数据进行分析，以此向受众提供有价值的参考信息。可是说，数据是财经新闻报道中不可缺少的材料，是构成财经新闻的重要组成部分，没有数据，财经新闻也就不复存在了。

当然，财经新闻报道并非简单地罗列数据，一篇好的财经新闻报道需要从纷繁冗杂的数据中寻找报道切入点，通过所获得的数据进一步提升新闻价值、发掘有益的新闻线索，进而深化新闻报道、创新报道模式。

（一）运用精确数据，提高新闻价值

定性报道和定量报道是新闻报道中常用的两种方法，其他类型的新闻报道仅仅采用定性报道便能够在很大程度上得到受众的认可，使受众信服。但由于财经新闻报道的特殊性，如果单纯采用定性报道，不用数据对有关问题进行佐证、分析，往往很难使受众产生信任感。例如，如果一篇报道中仅仅由记者说利率调整是好是坏，股市是利好还是利空，楼市是下跌还是上涨，而没有相应的数据来进行分析，那这样的“定性”报道恐怕没有几个受众

会相信。所以说,一篇财经新闻要做到准确、有深度和有力度,令受众信服,就离不开定量报道,离不开经济数据的分析与佐证。

在股市、基金等与数字密切相关的财经领域中,数字几乎成为新闻报道的核心内容和价值点;翻阅报纸、杂志、网络上的财经新闻,几乎每篇报道都会运用数据。一篇优秀的财经新闻报道,必须善于运用各类数据,通过运用精确数据,既能提升报道的影响力和可信度,也能提升财经新闻报道的价值。

在进行财经新闻报道时,首先应做好数据收集和整理工作,随时关注数据变化,为财经新闻报道服务。这些经济数据主要包括政府部门公布的数据、国际经济数据、国内市场机构或民间机构或调查公司公布的数据。另外,作为财经记者,除了收集各类数据之外,还应核查数据的真实性与科学性,保证所获得数据的准确性,接着还要对数据进行正确的分析运用,以发挥数据的最大化效益。

(二)解读、发现数据背后的新闻信息

在获取有效的经济数据之后,最重要的就是解读数据了。财经记者除了需要有专业知识以外,还应该培养自己的数据意识与数据敏感度(直觉),在获得数据后,能围绕数据多问几个为什么和怎么办,多思考这些数据背后意味着什么,探讨数据背后隐藏的深刻信息,从中发现数据背后所隐藏着更大的新闻价值。

例如,中国的 GDP 数字成为全世界媒体关注的对象,每次 GDP 数字的发布都会吸引足够多的眼球。财经记者在报道我国的 GDP 新闻时,不应仅仅局限于 GDP 的具体数字,更应探讨数字背后的现实意义,如与上一年相比 GDP 的增速如何,为什么会有这样的变化,这些变化说明了什么问题,等等。只有深入地解读数据,才能发现数据背后的事实,而且也可以发现某种带有趋势性的内容。

(三)巧用数据,可凸显新闻深度

财经新闻报道的核心是数据,然而,财经报道不能仅仅停留在某一个行业的某一个数据,或某一天发布的某一个数据,而是需要记者跳出这一最新数据,到历史或其他行业中寻找可以利用的数据,将数据作为新闻报道的背景,通过数据对比凸显新闻报道深度。

数据是财经新闻报道必不可少的东西,但是不可以简单照搬,应对数据进行相关的处理,这就要求财经记者巧妙运用数据,掌握数据处理的各种方法,对数据进行各种关联分析、趋势分析,挖掘数据背后的新闻深度,而不是简单地将数据展示给受众。同时,由于财经报道是为广大受众服务的,也要注意其可读性,不能晦涩难懂。总之,就是要兼顾新闻报道的深度与通俗性。具体的数据处理方法主要有:

1. 简化数据,这是对所获得的各类数据的一个去粗取精的过程,去除一些不相关的数据,保留有用的数据。

2. 换算数据,指对数据进行换算处理,将数据换算成我们需要的类型。

3. 改造数据,就是对数据进行一系列的改造,对数据进行合理范围内的修饰与改进,方便我们分析数据。

4. 翻译数据,是对数据进行合理的表达,如将图表型数据翻译成文本资料,将单纯的数字翻译成统计图表等都属于数据翻译的范畴。

二、大数据:重构新闻生产方式

随着传播科技的快速发展,特别是信息获取技术、物理信息系统、互联网、物联网和社交网络等技术的突飞猛进,各种数据的规模呈现出爆炸式增长的发展态势,人类进入前所未有的大数据时代。

所谓大数据就是海量资料,指的是所涉及的资料量规模巨大到无法通过目前主流软件工具,在合理时间内实现撷取、管理、处理并整理的资讯。

大数据的特点可以概括为4V,即Volume(大量)、Velocity(高速)、Variety(多样)、Value(价值)。

2013年被称为“大数据元年”,在全球进入大数据时代的背景下,大数据对各个行业的影响也逐渐显现,在不知不觉中改变着我们生活的方方面面。在政治领域,有统计学家内特·西尔弗(Nate Silver)利用大数据预测美国选举结果;在市场销售方面,有梅西百货根据需求和库存的情况制定的实时定价机制;在影视制作方面,有Netflix制作《纸牌屋》的经典案例;在新闻生产方面,大数据同样也带给我们深刻的变化。

(一)大数据对传统新闻生产方式的颠覆

1. 颠覆了传统的新闻生产模式

从媒体的内容生产来看,大数据技术直接渗透到新闻生产的关键环节,颠覆了传统的生产模式。过去只有经过专业训练的人士才能承担财经新闻报道工作,然而在大数据时代,新闻的生产模式发生了前所未有的质的变化。

首先,新闻不再是媒体人的专利,人人是记者,个个都有麦克风,人人都是新闻的生产者,打破了原有单一的媒体是新闻生产者的局面。其次,随着移动终端(手机)的普及,移动终端不仅仅是受众的信息消费渠道,也是新闻生产设备,可随时随地进行新闻的发现、判断、生产与传播。这就意味着,传统新闻生产的时间被大幅压缩,生产时效性强的新闻是“在现场”的人,而不一定是“到现场”的记者,这对专业新闻人如何在短时间内保证新闻质量以及获得独家新闻提出了挑战。最后,随着科学技术的发展,专业新闻工作者将逐渐减少,机器将取代人工进行智能化、高效率的新闻写作。例如Narrative公司运用Narrative Science算法,每约30秒便可撰写出一篇新闻报道。

2. 弱化了传统的媒体信息

传统的新闻报道在内容生产上往往会强调原创和深度,质量较高,但其数量却相当有限,极易被大数据时代的海量数据所淹没。在大数据时代,数以亿计的网民能以极低的成本瞬时产生海量的文字及音视频信息,并进行广泛传播,这是传统媒体所不可比拟的。传统媒体如何生产、搜集大量而有影响力的数据,保证自身的地位,是应对大数据时代无法回避的挑战。

3. 解构了传统的新闻业务流程

从财经媒体具体的采编流程来看,传统的业务流程和生产链条已经完全被大数据所解构。就新闻线索和选题的发现看,记者更多地需要借助媒体自身或合作机构的数据库来发掘重要的财经新闻,并在此基础上进行更深层次的采访和经济数据的再度挖掘。就新闻采集而言,能够形成连续数据的行业或领域(如金融、证券、体育等),将实现信息采集的自动化,媒体人的任务将从收集事实更多地转向解释原因和分析影响。就新闻作品来看,机器撰写新闻将在常态的新闻报道中占据较大的比重,而重大题材的报道中媒体人仍将扮演主要角色,特别是图片、音视频类财经报道,媒体人的角色短期内难以被机器所替代。

从财经新闻编辑的角度来看,财经类媒体将会利用类似谷歌新闻、百度新闻的搜索技术和计算机算法,进行日常财经新闻稿件的筛选与整合,这种全新的新闻编辑自动整合模式,将被受众逐步接受和习惯。

(二)大数据对新闻生产方式的重构

1. 重塑新闻质量评价标准

在传统媒体垄断财经新闻业的时代,由于缺乏相关的参照系,受众很难对财经报道的客观性、全面性、深刻性作出评估。而现在,社会化媒体在报道的速度及内容丰富程度上超过了专业的财经媒体,成为一个重要的参照物。另外,在大数据时代,传统媒体的报道方式和成果的缺陷都易于暴露和评估,大数据技术亦是检验专业媒体的又一参照系。

在过去,要评价新闻的质量,通常是请专业人士或受众来评报或评节目,很难用客观数据定好坏。然而在大数据时代,则可以借助网络媒体、社交媒体平台,通过挖掘、分析这些平台所转载新闻的点击率、转发率等数据,有效、精准地把握新闻报道质量。凭借大数据技术,专业媒体的财经报道水准和新闻质量都将得到有效的提升。

2. 新闻生产的跨界合作

传统媒体的新闻价值要实现第二次挖掘,必须首先完成由传统编辑平台向电子平台的转变,使之能够利用电子网络平台的大数据分析功能对新闻事件进行分析和预测,利用大数据的预测功能,可有效把握受众兴趣,分析市场走向。这种数据分析优于一般市场调查样本分析,因其样本量极其巨大,因此数据的误差较小,更加客观真实,由此得出的受众偏好数据更为可信。

传统媒体如能与网络平台合作,便可准确获取这些信息。网络媒体虽有获取海量数据的优势,但信源的不可靠也将严重阻滞其发展,而传统媒体的信源和数据的可靠性较高,因此,二者跨界合作可扬长避短。

3. 预测性新闻和深度报道的增加

传统的新闻报道选题源于正在或新近发生的事实。利用大数据技术,可把选题的精力放在对社会、经济发展趋势的预测上,预测性新闻将增加。不仅如此,深度新闻也将增加,不过与传统调查性报道不同,未来的深度报道是建立在大型数据挖掘与分析基础上的深度揭示与解析。

未来,数据分析师(挖掘师)应成为常设岗位。数据分析人员除了分析、解读数据,更应承担新闻策划的职责,为数据采集和处理设计方案,这对于长期习惯文字或图像思维的传统新闻人来说将是一个全新的挑战。

4. 重构传统新闻的采编方式

当大数据业已成为新闻生产核心资源时,与其相关的统计、分析及挖掘技术,将成为新闻生产的重要抓手和支持工具。因此,充分发挥大数据的优势,必须突出技术在新闻生产中的地位。人机合作的新闻采编方式,必将极大地变革传统财经新闻的采编方式。

其操作模式是:记者在采访中录下所需音频数据,并在数据末端输入特殊符号,而后经专业数据抓取平台获取有关数据予以分析,再由计算机后台按特定模板撰写报道，经记者确认后即可提交。这种采编方式如能付诸使用，必将大大提高媒体的发稿速度。

5. 提升数据呈现、分析及解读能力

大数据技术使得数据成为财经新闻报道的重要资源，但财经新闻报道并非数据的简单堆砌，而是要对信息有更加清晰的呈现、更加深层的分析和更加准确的解读。对于财经媒体人而言，这种信息的分析、加工是一种全新的能力，而要全面提升此种素质，绝非一日之功。因此，对于财经新闻教育者而言，大数据为我们提出了诸多新的课题和人才培养的新要求。

三、数据新闻引发新闻界的反思

大数据正在逐渐改变新闻生产的方式，由此产生了“数据新闻”。数据新闻是当下全球新闻业在应对大数据时代发展变革过程中所产生的新兴领域，是对传统新闻的一种全新的颠覆，为新闻业带来了新的活力。数据新闻通过挖掘和展示庞杂数据背后的关联与模式，利用丰富的交互的可视化传播丰富新闻报道。数据新闻作为一种跨学科的新闻报道方式，正成为全球新闻界热议的话题。

（一）数据新闻的发展

数据新闻，又称数据驱动式新闻，它不是横空出世的，而是新闻业长期探索的积累，是大数据时代的产物，也是新闻理念的一种全面变革。数据新闻的概念起源于西方媒体的实践，诸如《纽约时报》《卫报》都是最早的实践者，有着众多优秀的数据新闻作品。数据新闻这一概念第一次被引入业界探讨是 2010 年 8 月在阿姆斯特丹召开的第一届国际数据新闻圆桌会议。

业界和学界对数据新闻并没有一个明确的定义，多半从数据新闻生产过程的角度来对其进行描述。《数据新闻手册》里曾给出一个简单的定义：用数据报道新闻，道出了数据对于数据新闻的重要性。《2013 世界报业创新报告》中对数据新闻的定义是:依赖数据标准化采集、整理、分析和查询结构化和非结构化的数据库,以确定模式、趋势、统计偏差和异常现象的新闻业。中国人民大学的方洁老师总结的狭义数据新闻内涵为“基于数据的抓取、挖掘、统计、分析和可视化呈现的新型报道方式”。虽然关于数据新闻并没有一个确切定义,但是关于数据新闻的特征和形态,学界的认识和总结却是基本一致的。

从学界的研究我们可以看出,数据新闻的产生与精确新闻学、计算机辅助报道、信息可视化具有继承和发展的关系。

1. 数据新闻与精确新闻学

精确新闻学的概念是由美国学者菲利浦· 迈耶在 20 世纪 60 年代提出的。精确新闻学的出现,是对新闻报道的准确性和客观性的追求,它要求记者通过使用社会科学的方法和手段,保证新闻的准确和客观。数据新闻同样继承了这一科学严谨的追求,同样是用科学的手段和方式去获取数据,并用科学的理论去分析数据、挖掘数据,最后得出事件的真相。只是在如今的大数据时代,数据获取方式较精确新闻来说省时省力,数据处理方式在电脑技术的发展下变得更加轻松可靠,丰富的多媒体可视化展现形式丰富了精确新闻的表现形式。

2. 数据新闻与计算机辅助报道

计算机辅助新闻报道是用计算机来辅助收集和处理信息的新闻报道方式,早在 20 世纪 50 年代,记者们就用计算机来处理政府提供的数据库信息,并用来制作调查性新闻。20 世纪 60 年代,随着精确新闻学的发展,计算机被用来处理、分析记者收集到的数据。再后来,随着计算机的普及,计算机开始成为媒体工作者在工作中不可或缺的工具。

从技术在新闻报道中所发挥的作用来看,我们认为数据新闻是计算机辅助报道在新的媒介环境下的继承和发展,只是如今计算机能力已经成为信息社会的基本技能,新闻报道对计算机技术的运用提出了更高的要求,但比起技术对新闻报道的重要性,数据新闻更强调从数据中发现新闻价值的重要性。

3. 数据新闻与信息可视化

信息可视化最早是在1989年由斯图尔特·卡德、约克·麦金利和乔治·罗伯逊创造出来的,用以减轻抽象信息和庞大数据带给受众的认知压力。在大数据时代,海量信息带给人们不少困扰,于是人们寻求一种既能了解丰富的信息又不会那么痛苦的方式,信息可视化便受到了大家的追捧,对数据的可视化处理使得广大受众能轻松地获取丰富的信息。

通过以上分析,我们可以看出数据新闻学综合继承和发展了精确新闻学、计算机辅助报道和信息可视化的优点,是一种全新的新闻报道模式,既满足了大家对海量、准确的数据的追求,又方便受众阅读了解,是未来新闻报道的发展方向。

(二)2014年成为数据新闻元年

数据新闻作为一个新兴领域,无论是业界还是学界,都对其表示出了相当大的兴趣,尤其是业界纷纷进行了一系列的尝试。

这其中最引人注目的便是2014年1月央视《晚间新闻》"据说春运"节目。在该节目首次播出后,观众对这种运用数据可视化技术来播新闻的新颖方式非常感兴趣。互联网行业人士更是一片叫好之声,认为"据说春运"既体现了央视的"转作风、接地气",同时也是向公众普及大数据概念的有益尝试。由于"据说春运"获得了观众和业界的认可,《晚间新闻》又推出"据说春节"特别节目,每天用数据来解读回娘家、恐聚族等春节期间热门话题,成为许多观众每天追看的单元。而《新闻联播》也在除夕夜和大年初七两天重点播报了基于百度大数据的"数据说春节",引发人们的广泛关注。

从"据说春运""据说春节"调用百度的大数据,将其融入新闻内容的策划与创作过程并获得巨大成功中,我们可以看出,电视与互联网的融合将是未来发展的一大方向,融合的趋势也会越来越明显,更大的合作空间在于内容策划与创作上。这一成功也让媒体人看到了希望,坚定了制作数据新闻的信念。

(三)引发新闻界的反思

互联网尤其是移动互联网,与每个人的日常生活越来越密切,每天产生海量的数据,对这些数据加以正确利用,便可以成为有价值的资源。数据新闻的成功对新闻界来说是一剂兴奋剂,但同时也引发了新闻界的一系列反思。

1. 如何利用好互联网上丰富的数据资源,从中挖掘出有价值、有意义的新闻,是所有媒体未来都应该反思、探索的问题,同时也对媒体人提出了更高的要求。

2. 数据新闻不仅需要较高的新闻素养,更需要媒体人具备一定的数据挖掘、分析能力。央视新闻的编导们用实际行动证明了实力,在当前这样信息超载的时代,对信息进行处理显得格外重要。

3. 新闻如何更加贴近受众,提升新闻的可读性、可视性,为新闻创新注入新的活力,也是媒体人不断思索的问题。

四、大数据背景下的财经新闻教育

数据是财经新闻的生命,数据与财经新闻密不可分,没有数据的财经新闻不是好新闻,财经新闻无处不体现数据和大数据。然而在大数据背景下,我国高校的财经新闻教育应该如何办才能适应当代需求呢?

综观我国目前的财经新闻教育,大多数院系往往忽视培养学生的数据意识,不仅出现新闻与财经“两张皮”现象,更主要的问题是尚未形成专业新闻教育的标准和特色。这个标准和特色究竟是什么? 培养学生的数据意识和素养,开辟数据新闻教学应该就是其中之一。

要建构财经新闻教育的标准,可以成立一个全国财经新闻教育联盟(专业教育群),或者在中国新闻史学会下面成立一个二级专业委员会,以此为平台，实施财经新闻教育的“顶层设计”。该设计既区别于传统新闻教育，又区别于其他专业新闻教育。这个设计是综合性的，在此提几点设计意识：

（一）标准设计意识

目前全国财经类学校有46所，包括综合性大学在内，标明“财经新闻”“经济新闻”“商业新闻”类的不下50所。但据了解，目前还没有形成相应的学科标准。当然，人才培养应追求多元化，不能局限于一种模式，但总体而言，需要有大致统一的学科标准，才能培养出合格的财经新闻专业人才。否则，为何要标注财经类新闻专业呢？

如何建立学科标准？前提是：有没有必要建立？有没有标准可言？标准的特色是什么？当然，财经新闻有别于其他类新闻，有必要设立学科标准，也应有自身的特色，如数据新闻就是其中之一。而学科的标准设计应从课程设置开始，之后统编核心课程，实施专业师资培训等，这些都是学科标准建设之“术”的设计了。

（二）课程设计的“财经”意识

之所以出现财经新闻教育“两张皮”的现象，关键在于没有厘清“财经”和“新闻”的内在联系：究竟需要哪类财经知识？需要哪些层面的财经知识？即使学生选修了财经类的课程，也是泛泛的财经课程，要么消化不良，要么营养不良。

目前财经新闻教育课程设置中的“财经”板块，仍然缺乏真正从事财经新闻工作的有用、有效的财经知识。事实上，大学四年时间是有限的，不可能要求财经新闻专业的学生学全财经类专业的财经知识或是新闻传播类的新闻知识，而是要有所“精选”，提炼出真正属于财经新闻专业的核心课程。核心课程可分为四大块：通识课程板块，人文课程（文史哲）板块，新闻传播课程板块，财经类课程板块。而且，这四大板块课程的设计，要讲究内在的逻辑性，注意知识结构的“融通”，而不是割裂的、无序的。只有这四类课程板块做到相互融通,才能有效解决财经新闻教育"两张皮"的现象。当然,核心课程外的知识,授课时可适当延展,抑或是由学生自主学习。

(三)核心课程教材的全国统编意识

综观目前财经新闻专业教材使用情况,多数为传统新闻院校所采用的教材,外加普通的财经类专业教材,授课老师各自讲述。专业融合的方式是让学生自我去"化"、去"结合",结果是可想而知的,必然出现"两张皮"现象,成为"四不像"。而解决此类问题的最好办法就是统编教材,比如新闻史要不要开这么多课?究竟讲什么内容?同样的,货币银行学要不要讲那么多内容?究竟讲哪些内容够用?这需要进行科学研究,最后确定一个知识的比例,方可开展教材统编工作。

总之,财经新闻核心课程设计一定要有"财经新闻"的特色,要属于这个专业的"这一个",而非"四不像"。

(四)专业师资再培训和再学习的意识

目前财经新闻的教师,大多是半路出家的,许多院系的教师来源普遍是"借鸡下蛋、借船出海"的模式,人文、新闻、财经等各自为政,而科学的专业新闻教育的师资,理应有相当程度的融通性才行。因此,要融通和跨界,必须再培训、再学习,只有老师在不同学科中互相融通、相互学习,才能真正达到融会贯通。老师以这种知识和能力结构中教授学生,不但会得心应手,而且一定是最"专业"的,学生一定会受益匪浅。

〔本文是中央财经大学教育教学改革基金2014年立项资助项目《财经类院校新闻传播学教育教学研究——以中央财经大学为例》的阶段性成果,项目编号:0208 505 14006。〕

参考文献：

金兼斌：《财经记者与数据素养》，《新闻与写作》2013 年第 10 期。
毕良宇：《大数据背景下数据新闻的研究——理念、生产方式与应用》，华中师范大学 2014 年硕士论文。
祝兴平：《大数据与经济新闻生产方式的颠覆与重构》，《中国出版》2014 年第 4 期。
尚玲：《当前我国报纸财经新闻数据使用探析》，华中科技大学 2011 年硕士论文。
郎劲松、杨海：《数据新闻：大数据时代新闻可视化传播的创新路径》，《现代传播》2014 年第 3 期。
方洁、颜冬：《全球视野下的"数据新闻"：理念与实践》，《国际新闻界》2013 年第 6 期。
沈浩、谈和、文蕾：《"数据新闻"发展与"数据新闻"教育》，《现代传播》2014 年第 11 期。
黄盛泉：《从"数据"到"大数据"：财经新闻报道的新浪潮》，《新媒体与社会》2014 年第 2 期。

〔谭云明，中央财经大学新闻传播系主任，教授，博士后，硕士研究生导师。主要研究方向：财经新闻、传媒经营与管理、新媒体。徐然，中央财经大学新闻传播系硕士研究生。〕

图书在版编目(CIP)数据

媒介融合语境下的新闻传播教育改革/王晓红,陈欣钢,田维钢主编.
—北京 :中国传媒大学出版社,2016.10
ISBN 978-7-5657-1742-0

Ⅰ.①媒… Ⅱ.①王… ②陈… ③田…
Ⅲ.①新闻学—传播学—教育研究 Ⅳ.①G210

中国版本图书馆 CIP 数据核字(2016)第 144445 号

媒介融合语境下的新闻传播教育改革
MEIJIE RONGHE YUJINGXIA DE XINWENCHUANBO JIAOYU GAIGE

主　　编　王晓红
副 主 编　陈欣钢　田维钢
责任编辑　王雁来
责任印制　阳金洲
封面设计　拓美设计

出版发行　中国传媒大学出版社
社　　址　北京市朝阳区定福庄东街 1 号　邮编:100024
电　　话　86—10—65450528　65450532　传真:65779405
网　　址　http://www.cucp.com.cn
经　　销　全国新华书店

印　　刷　北京玺诚印务有限公司
开　　本　787mm×1092mm　1/16
印　　张　12.25
字　　数　170 千字
版　　次　2016 年 10 月第 1 版　　2016 年 10 月第 1 次印刷

书　　号　ISBN 978-7-5657-1742-0/G·1742
定　　价　49.00 元